あきらめないで！役所からの差押え

Q＆Aで考える対処法

大阪社保協・滞納処分対策委員会／編

楠　晋一
勝俣 彰仁
牧　亮太
寺内 順子

日本機関紙出版センター

はじめに

ネット上にあふれる差し押さえに対する悲鳴

いま、いのちを守るべき国民健康保険で財産が奪い取られ、それがために生活に困窮するという事態が全国で頻発しています。

しかし、滞納国保料（税）等に対する差し押さえの実態はなかなかつかみにくいものです。私たちのもとに相談が寄せられるのは、やはり、民主商工会や生活と健康を守る会などの会員さんのケースが中心です。

インターネット上には「大学を出るも非正規で働き、贅沢（ぜいたく）をしているわけではないが国保料が払えない。このままでは差し押さえられるのだろうか」「税金（市民税、府民税、国民健康保険料）の滞納で、差し押さえ通知が勤務先に来た。給料が差し押さえられることなどあるのだろうか」「通帳を記入したら給与のほぼ全額が差し押さえられていた」「税を滞納しているのだが、児童手当を毎回差し押さえられている。滞納している自分が悪いのだけれど、役所から何の文書もきていないのに……」などの声があふれています。

若手弁護士とともに差し押さえ問題にとりくむ

大阪社会保障推進協議会（大阪社保協）では、2009年以来、大阪の楠晋一弁護士、牧亮太弁護士、そして2014年からは勝俣彰仁弁護士とともに、「国保問題勉強会」として滞納処分問題での大阪での運動提起をおこない、大阪全体での運動をすすめてきました。さらに2015年度より、勉強会を「滞納処分対策委員会」として発展的に改組し、全国的な状況も踏まえ、活動を強めることとしました。

私たちがとくに問題としているのは、税や社会保険料など公的債権に対する滞納処分、差し押さえについてです。

公的債権のなかでも金額が大きいのは、国民健康保険料です。なにしろ、2016年度の賦課限度額は89万円（医療分＋支援金分＋介護分）です。たとえば年間80万円の保険料（税）を10回で納める自治体では、1回滞納すれば、次回から約月20万円もの保険料を納めなくてはならず、たちまち滞納金額はふくれあがり、1年間で数十万円もの高額滞納を抱え込むこととなるのです。

国保料（税）は、所得（｛総収入－必要経費－33万円｝×料率）で計算する所得割と、人数にかかる均等割、世帯にかかる平等割で計算します（固定資産税に料率をかける資産割がある自治体もあります）。**税の計算では各種控除がありますが、国保料（税）の場合は、必要経費と基礎控除33万円しか控除せず、さらに所得がなくとも均等割・平等割があるため、ほかの税よりも高額となります。**

国保料（税）滞納世帯に対する差し押さえが激増

表1は2009年度～2014年度までの、厚生労働省から提供された全国の国保滞納世帯数、差し押さえ件数、差し押さえ金額の推移です。差し押さえ率とは、各市町村が滞納世帯に対してどれだけの差し押さえ＝滞納処分（差し押さえて換価すること）をしているかを比較するために、大

【表 1】2009 年度～ 2014 年度国保滞納世帯に対する差押え推移

	滞納世帯数	差押え件数	差押え率	差押え総額
2009年度	4,454,236	182,171	4.1%	63,677,450,688
2010年度	4,364,282	183,376	4.2%	71,080,303,113
2011年度	4,144,845	212,277	5.1%	79,938,893,188
2012年度	3,901,517	242,930	6.2%	90,095,326,604
2013年度	3,595,087	260,124	7.2%	91,650,170,407
2014年度	3,364,023	277,303	8.2%	94,314,603,680

（出所）厚生労働省保険局国民健康保険課データをもとに大阪社保協加工

阪社保協がつくった指標です。

この6年間で、滞納世帯は445万世帯から336万世帯へと、109万世帯（24・5％）も減少しています。しかし、差し押さえ件数は18・2万件から27・7万件へと9・5万件（52％）増、差し押さえ率は4・1％から8・2％と倍増しています。

表2は、直近2014年度の国保滞納世帯に対する都道府県ごとの差し押さえ率ランキングです。

全国の総数で見ると、国民健康保険料の滞納世帯は336万世帯、そして国保料滞納世帯に対して全国の市町村が執行した滞納処分は27万7千件、差し押さえ金額はなんと943億円にものぼります。

滞納処分の権限は基本的に市区町村にあり、その差を比較するために対滞納世帯比率を出しましたが、都道府県単位で最も差し押さえ率が高いのが群馬県であり、そのなかでも県都前橋市は90・8％にものぼります（表3）。

もちろん1世帯当たり預貯金口座を数件差し押さえられる場合

【表 2】 平成 26 年度（2014 年度）全国都道府県国保差押率ランキング

順位		国保滞納世帯	差押件数	差押え率	差押え金額	1件当差押金額
1	群馬県	45,567	15,228	33.4%	3,891,147,175	255,526
2	佐賀県	15,603	4,666	29.9%	841,995,843	180,453
3	高知県	14,304	3,161	22.1%	771,560,497	244,087
4	長崎県	32,888	6,460	19.6%	1,292,011,888	200,002
5	福島県	55,814	10,743	19.2%	4,237,092,926	394,405
6	福井県	13,224	2,194	16.6%	1,039,883,381	473,967
7	岩手県	21,409	3,321	15.5%	1,288,698,877	388,045
8	長野県	41,606	5,741	13.8%	1,341,622,200	233,691
9	北海道	117,489	16,109	13.7%	4,443,185,539	275,820
10	静岡県	78,289	10,298	13.2%	3,387,603,253	328,957
11	山形県	20,335	2,662	13.1%	649,357,836	243,936
12	鹿児島県	34,279	4,176	12.2%	1,333,240,867	319,263
13	大分県	24,367	2,934	12.0%	1,308,513,539	445,983
14	鳥取県	9,548	1,138	11.9%	183,021,209	160,827
15	山口県	27,085	3,062	11.3%	773,256,351	252,533
16	福岡県	122,031	13,568	11.1%	3,094,440,511	228,069
17	茨城県	88,024	9,742	11.1%	3,451,154,676	354,255
18	山梨県	16,932	1,787	10.6%	523,294,140	292,834
19	宮崎県	40,080	4,159	10.4%	1,009,774,002	242,792
20	青森県	43,295	4,243	9.8%	1,802,373,959	424,788
21	秋田県	20,220	1,939	9.6%	477,646,930	246,337
22	沖縄県	39,403	3,681	9.3%	631,743,858	171,623
23	京都府	46,225	4,317	9.3%	1,035,478,470	239,861
24	三重県	50,484	4,369	8.7%	1,463,673,812	335,013
25	滋賀県	25,061	2,156	8.6%	478,712,711	222,037
26	神奈川県	267,620	22,234	8.3%	8,791,736,229	395,419
27	埼玉県	227,594	18,832	8.3%	9,794,290,648	520,088
28	奈良県	20,818	1,687	8.1%	421,580,151	249,899
29	石川県	25,002	1,957	7.8%	674,887,269	344,858
30	岡山県	51,056	3,893	7.6%	1,125,764,778	289,177
31	愛知県	157,322	11,979	7.6%	4,395,634,807	366,945
32	熊本県	58,063	4,374	7.5%	841,416,514	192,368
33	和歌山県	25,393	1,888	7.4%	580,820,365	307,638
34	栃木県	57,588	4,164	7.2%	1,327,687,568	318,849
35	新潟県	40,438	2,812	7.0%	860,522,514	306,018
36	岐阜県	40,466	2,812	6.9%	322,374,412	114,642
37	島根県	8,683	569	6.6%	166,275,076	292,223
38	広島県	75,694	4,644	6.1%	1,849,368,387	398,227
39	宮城県	55,425	3,211	5.8%	1,074,366,936	334,590
40	千葉県	196,829	10,451	5.3%	5,869,621,141	561,632
41	富山県	15,413	811	5.3%	221,060,506	272,578
42	兵庫県	127,684	6,526	5.1%	3,138,767,453	480,963
43	愛媛県	28,737	1,361	4.7%	309,633,489	227,504
44	香川県	19,270	875	4.5%	154,390,222	176,446
45	東京都	528,073	21,371	4.0%	7,989,903,152	373,867
46	大阪府	278,110	8,556	3.1%	3,527,819,018	412,321
47	徳島県	15,183	442	2.9%	126,198,595	285,517
	合計	**3,364,023**	**277,303**	**8.2%**	**94,314,603,680**	**340,114**

（出所）厚生労働省保険局国民健康保険課データをもとに大阪社保協加工

（注）　滞納世帯とは、平成26年度の出納閉鎖時において、保険料の滞納（過年度分を含む）がある世帯（平成27年6月1日現在、当該保険者に加入している世帯に限る。）をいうこと。

もあるので、1世帯1件とはなりませんが、それでも異常な数字であるといわざるを得ません。

なお、この全国市町村の差し押さえデータは紙数の関係で掲載できませんが、大阪社会保障推進協議会ホームページ「各種データ」のページにすでにアップしているのでご覧ください。

http://www.osaka-syahokyo.com/data/2016/ks20160216.xls

横行する違法行為

率直に申し上げると、法を守ればこんなに差し押さえができるはずがないと考えます。

国民健康保険料（税）の滞納であっても、滞納処分は、地方税法、地方自治法、国税徴収法、国税徴収法基本通達、国税通則法、国税通則法基本通達等にもとづいておこなわれます。法的には、国保料の納期を過ぎても納付がない場合は、自治体は滞納処分をして保険料を徴収しなければなりません。たとえば、国税徴収法47条では、「滞納者が督促を受け、その督促に係る国税を……完納しないとき」、「徴収職員は、滞納者の国税につきその財産を差し押えなければならない」と規定しています。

ただし、差し押さえには、厳格なルールがあります。とくに、差し押さえ禁止財産は、国税徴収法75条から78条に明記されており、生活必需品や事業に不可欠な物、さらに生活保護費、児童手当、児童扶養手当、特別児童福祉手当などは差し押さえが例外なく禁止されています。さらに差し押さえが制限されているのは給料や年金などで、最低生活費と公租公課の金額は差し押さえてはならないのです。

【表 3】平成 26 年度（2014 年度）群馬県内市町村国保滞納世帯数・差押件数・金額

	市町村名	国保滞納世帯	差押件数	差押え率	差押え金額	1件当差押金額
1	前橋市	6,920	6,286	90.8%	850,104,806	135,238
2	高崎市	7,033	2,126	30.2%	710,270,923	334,088
3	桐生市	2,271	802	35.3%	372,874,466	464,931
4	伊勢崎市	3,792	992	26.2%	543,830,400	548,216
5	太田市	7,167	405	5.7%	48,689,012	120,220
6	沼田市	1,928	147	7.6%	25,513,862	173,564
7	館林市	2,271	663	29.2%	211,035,187	318,303
8	渋川市	2,768	838	30.3%	30,641,034	36,564
9	藤岡市	2,105	310	14.7%	94,676,978	305,410
10	富岡市	602	441	73.3%	160,090,470	363,017
11	安中市	1,834	245	13.4%	149,094,400	608,549
12	榛東村	270	45	16.7%	24,413,451	542,521
13	吉岡町	422	156	37.0%	63,582,155	407,578
14	神流町	24	0	0.0%	0	
15	上野村	5	0	0.0%	0	
16	下仁田町	50	18	36.0%	5,028,003	279,334
17	南牧村	16	0	0.0%	0	
18	甘楽町	151	0	0.0%	0	
19	中之条町	160	66	41.3%	14,197,456	215,113
20	長野原町	137	2	1.5%	382,300	191,150
21	嬬恋村	143	6	4.2%	575,100	95,850
22	草津町	205	44	21.5%	30,150,623	685,241
23	高山村	60	0	0.0%	0	
24	片品村	72	39	54.2%	2,727,037	69,924
25	川場村	28	10	35.7%	3,415,200	341,520
26	昭和村	114	7	6.1%	1,590,200	227,171
27	玉村町	621	910	146.5%	274,981,212	302,177
28	板倉町	287	14	4.9%	4,719,574	337,112
29	明和町	206	5	2.4%	1,189,900	237,980
30	千代田町	266	23	8.6%	3,664,960	159,346
31	大泉町	1,884	407	21.6%	203,006,200	498,787
32	邑楽町	378	30	7.9%	1,460,002	48,667
33	みなかみ町	414	49	11.8%	24,941,652	509,013
34	みどり市	727	139	19.1%	33,535,812	241,265
35	東吾妻町	236	3	1.3%	764,800	254,933
		45,567	**15,228**	**33.4%**	**3,891,147,175**	**255,526**

また、「滞納処分の執行停止」を定めた国税徴収法第153条は、1項2号で、「滞納処分の執行等をすることによってその生活を著しく窮迫させるおそれがあるとき」と明記しており、過酷執行を許さない立場をとっています。

大阪社保協は2009年以降、先に紹介した弁護士とともに、法令通知を徹底的に学び、自治体に法律を守る行政をさせる運動をすすめてきました。その結果、大阪府内の2014年度の差し押さえ率は3・1%と低い水準となっています。大阪市などは、24区役所以外にも本庁の財政局に「債権回収室」を設置し、専門の職員がルーチンワーク的に財産調査をおこない、差し押さえをおこなっていますが、それでも差し押さえ率は4・3%です（表4）。**私たちは、法令順守をしたうえで滞納処分をすれば、この程度の差し押さえしかできないのだと判断しています。**さらに、法的にも差し押さえが認められている子どもの学資保険等については、大阪社保協の運動により、大阪の自治体で差し押さえているところはほとんどありません。

冒頭で紹介したネット上の声のように、給与が振り込まれた口座からほぼ全額が差し押さえられたという事態は、法令違反ではないかと考えざるを得ません。

命よりカネが大事か

昨年末に出版された『ルポ老人地獄』（朝日新聞経済部編、2015年、文春新書）は、2013年～2014年の朝日新聞のシリーズ「報われない国」をまとめたもので、そのなかにも、前橋市の差し押さえの事案をはじめ、差し押さえ禁止財産を一方的に押さえたり、生活保護受給者からも

【表 4】平成 26 年度（2014 年度）大阪府内市町村国保滞納世帯数・差押件数・金額

	市町村名	国保滞納世帯	差押件数	差押え率	差押え金額	1件当差押金額
1	大阪市	94,633	4,107	4.3%	1,151,696,389	280,423
2	堺市	19,903	585	2.9%	172,605,347	295,052
3	岸和田市	5,322	98	1.8%	95,267,800	972,120
4	豊中市	11,165	383	3.4%	170,271,370	444,573
5	池田市	3,011	4	0.1%	1,496,059	374,015
6	吹田市	7,514	25	0.3%	11,325,360	453,014
7	泉大津市	2,733	44	1.6%	9,584,178	217,822
8	高槻市	10,702	251	2.3%	102,924,409	410,057
9	貝塚市	2,269	27	1.2%	30,695,079	1,136,855
10	守口市	6,703	73	1.1%	30,380,950	416,177
11	枚方市	10,561	195	1.8%	107,380,268	550,668
12	茨木市	3,328	133	4.0%	30,985,184	232,971
13	八尾市	7,191	96	1.3%	64,403,121	670,866
14	泉佐野市	2,403	239	9.9%	120,118,144	502,586
15	富田林市	4,144	105	2.5%	46,558,899	443,418
16	寝屋川市	8,839	124	1.4%	106,984,640	862,779
17	河内長野市	3,227	78	2.4%	21,874,249	280,439
18	松原市	4,058	120	3.0%	56,479,629	470,664
19	大東市	6,298	136	2.2%	105,732,712	777,446
20	和泉市	5,536	286	5.2%	205,452,667	718,366
21	箕面市	3,599	26	0.7%	11,802,968	453,960
22	柏原市	2,573	34	1.3%	6,442,735	189,492
23	羽曳野市	3,536	24	0.7%	13,455,080	560,628
24	門真市	8,042	546	6.8%	336,270,128	615,879
25	摂津市	2,827	39	1.4%	24,285,920	622,716
26	高石市	1,038	7	0.7%	498,136	71,162
27	藤井寺市	1,934	38	2.0%	19,903,325	523,772
28	東大阪市	22,478	288	1.3%	241,148,261	837,320
29	泉南市	1,686	36	2.1%	8,493,990	235,944
30	四條畷市	2,132	210	9.8%	116,634,409	555,402
31	交野市	2,319	75	3.2%	45,097,896	601,305
32	島本町	566	0	0.0%	0	
33	豊能町	196	3	1.5%	703,566	234,522
34	能勢町	380	33	8.7%	22,492,491	681,591
35	忠岡町	560	7	1.3%	1,755,800	250,829
36	熊取町	517	13	2.5%	981,741	75,519
37	田尻町	112	7	6.3%	1,315,152	187,879
38	阪南市	1,450	4	0.3%	92,507	23,127
39	岬町	278	11	4.0%	8,361,520	760,138
40	太子町	196	0	0.0%	0	
41	河南町	424	0	0.0%	0	
42	千早赤阪村	63	0	0.0%	0	
43	大阪狭山市	1,664	46	2.8%	25,866,939	562,325
		278,110	**8,556**	**3.1%**	**3,527,819,018**	**412,321**

滞納税や保険料を取りたてている自治体の実態が描かれています。

また、『基礎から学ぶ国保』（寺内順子著、２０１５年、日本機関紙出版センター）第６章に掲載した山口市の差し押さえの実態は、驚くべきものです。事例は２件あり、いずれも市内で飲食業を経営されている方で、営業不振で税と国保料の滞納があります。山口市では、なんと夜間営業時間中、それもお客が５人もいるところに、市職員10人が押しかけ、家宅捜索をおこなったり、金庫を開け、財布のなかから現金を差し押さえました。当然、社会的な信用を失い、経営の危機をまねいています。

まさに各地の自治体は、「命よりカネ」としか思えないような行政をおこなっているのです。

鳥取児童手当差し押さえ事件判決が自治体のやり方を打ち破った

全国の自治体は、たとえ差し押さえ禁止財産であっても、預金口座に振り込まれれば自由に差し押さえができる、という考え方をとっているようです。

そのやり方を打ち破ったのが、「鳥取県児童手当差し押さえ裁判」です。この事案は、鳥取県が、滞納している自動車税、個人事業税を回収するために、73円しか入っていなかった滞納者の預金口座に児童手当13万円が振り込まれた２００８年６月11日午前９時９分に口座を差し押さえ、預金全額13万73円を回収し、各税に配当したというものです。児童手当を受ける権利は差押禁止財産です。そこで、鳥取県による差し押さえ、配当処分の取り消し、ならびに、回収した金額の返還と慰謝料の支払いを求めた裁判を起こしました。

鳥取地裁は、全額の返還に加えて鳥取県に損害賠償を命ずるという完全勝利判決を下しました。

県が控訴したために、さらに高裁でも争われました。２０１３年11月、広島高裁松江支部は、地裁判決の一部を変更し、それまでの慣行を考慮して鳥取県への賠償請求は認めなかったものの、県が事前に預金口座に児童手当が振り込まれることを知っていたことや、前日の口座残高が73円しかなく児童手当の振り込まれた直後に差し押さえたということから、児童手当は預金口座に入っても差し押さえ禁止財産の属性を失わず、預金口座の差し押さえは児童手当の差し押さえ禁止を定めた児童手当法15条の趣旨に反するとして違法と判示し、児童手当相当額13万円の返還を認めました（Q13参照）。

鳥取県では、高裁判決を受け、県議会で知事が謝罪し、さらに県当局はマニュアルを２０１４年４月１日に改定しました。この鳥取の判決を受け、総務省も通知を出しました。詳細は、『その差押え、違法です！』（大阪社保協企画、２０１４年、日本機関紙出版センター）に詳しくまとめているので、ぜひご一読いただきたいと思います。

「法令通知を徹底的に学び自治体に法律を守らせる」たたかいを全国で

鳥取児童手当差し押さえ事件地裁判決、高裁判決が出ても、全国の自治体による差し押さえ件数は増える一方です。

これを食い止めるためには、「全国一斉差し押さえホットライン」などの電話相談を実施して、実態をつかむこと、そしてマスコミにもはたらきかけて世論化し、自治体に対して「違法行為をするな」「法を守れ」という地域での運動をすすめていくことが重要です。また、鳥取のように、裁判闘争も見据えてたたかうしかないと考えています。

２０１４年1月18日、大阪市内で開催した「第1回滞納処分・差押え問題西日本集会」（中央社保協・社保協近畿ブロック主催）に続いて、２０１６年４月２日、岡山市内で「第2回滞納処分・差押え問題西日本運動交流集会」（中央社保協・社保協近畿ブロック・社保協中国ブロック）を開催しました。今回は、全国クレサラ・生活再建対策協議会と全国クレサラ・生活再建被害者連絡協議会にも共催していただきました。クレサラのみなさんとは、２０１６年12月に全国規模で「差し押さえホットライン」をご一緒にとりくめないかと相談をしているところです。滞納している人は、そして差し押さえをされた人は、「税や保険料を払ってない自分が悪い」という自責の思いがつよいため、差し押さえをされても、その事案が顕在化しづらいものです。また、相談先もわからないというのが実情です。実態を把握するためにも、滞納者に相談方法があることを知らせるためにも、全国規模で一斉の電話相談などが必要だと考えています。

２０１８年度「国保都道府県単位化」後、さらに滞納処分が強まる可能性

２０１８年度から、国保は都道府県と市町村の共同運営となります。市町村はこれまでどおり、賦課・資格・給付の権限をもち、実務をおこないます。都道府県には新たにばく大な国保特別会計ができ、財政運営をおこなうこととなります。詳細は、『議会と自治体』２０１６年４月号（日本共産党中央委員会発行）の「国保問題　都道府県化へ、大転換期迎えた情勢と地域での運動」（寺内順子）をぜひお読みください。

ここでは、都道府県単位化になることによって、自治体による差し押さえ・滞納処分が強まることを指摘しておきます。

2018年度以降の保険料は、これまでの決め方とまったく変わり、都道府県が市町村に割り振る「事業費納付金（納付金と略）」を、保険料（税）で集め、全額都道府県に上納することとなります。現年度賦課総額（1年間に集めるべき保険料総額）を100％集めることは現実的には無理で、収納率は全国平均でも90％程度です。現在は、たとえ10％未収で赤字となったとしても、次年度に「繰上充用金」として計上し、赤字を先延ばしすることができます。

しかし、2018年度以降は、納付金100％上納が義務となります。さらに、各市町村は被保険者数の規模別で「標準収納率」が定められ、その収納率を超えれば市町村は黒字となりますが、超えなければ赤字となります。

また、2018年度以前からの累積赤字をもつ自治体は、現年度の納付金分の保険料収納に加え、赤字分を過年度滞納分の収納で解消しようとするはずです。つまり、滞納世帯への差し押さえによる換価に走る自治体が増えることが予想されます。

社会保障制度である国民健康保険で医療をうける機会と財産を奪われ、さらに、保険料収奪によって貧困に陥れられるという事態は、絶対におかしい。差し押さえ・滞納処分問題の解決は、一刻の猶予もありません。

本書は「差し押さえ・滞納処分Q＆A」として、具体的な事例にもとづいて、大阪社保協滞納対策委員の弁護士チームが書いていきます。全国での具体的な相談活動にも、ぜひ応用してください。

Q&A
差し押さえ・滞納処分への対処方法

ここからは、Q&A方式で、解説を続けることにします。なお、国保料と税の滞納処分はほとんど同じ手続きでおこなわれる（国民健康保険法79条の2、地方自治法231条の3第3項が、地方税法の規定を準用する）ので、以後は一体のものとして説明します。

Q1

滞納処分とは何でしょうか？

赤い紙に「差し押さえ予告通知」と書かれた手紙が、市役所から送られてきました。どうしたらいいのでしょうか。

A1

その通知は、このまま放置すると役所が、滞納処分の手続きをとり、差し押さえをしてあなたの財産を取り上げる、というお知らせです。放置しないでください。

滞納処分の対象は？

まず、滞納処分の手続きの流れを押さえておきましょう。

市役所と市民との関係において市民が市役所に支払い義務を負うものは、税金、国保料、介護保険料、保育料、手数料、公営住宅家賃等たくさんあります。しかしながら、滞納したからといって、そのすべてが滞納処分の対象となるわけではありません。

【図1】

- 役所が市民に有する債権
  - 公債権
    - 強制徴収公債権
    - 非強制徴収公債権
  - 私債権

これらの支払い義務は、行政の決定によって発生する公債権と、契約によって発生する私債権（公営住宅家賃、貸付金等）に分けられます。さらに、公債権は、裁判所による強制執行手続きによらないと回収できない非強制徴収公債権（手数料、返還金等）（注1）と、行政が裁判を経ずに自力で強制徴収可能な強制徴収公債権（税金、国保料、介護保険料、保育料等）に分けられます。

（注1）　生活保護法78条に基づく返還金は平成26年の法改正により強制徴収公債権に変更されました（同条4項）。

滞納処分とは、この強制徴収公債権について滞納が生じた場合に、役所が滞納税金等を回収するためにおこなう一連の手続きをいいます。

滞納処分の手続き

法律で決められている滞納処分の手続きの流れを簡単に書くと、以下のとおりです。

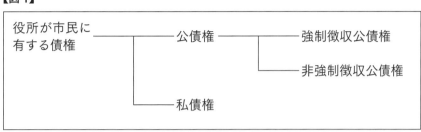

債権の発生（納入通知書等の送付、納付期限の設定、地自法231条、地自法施行令154条3項）（注2）

←

納付期限を過ぎても払えない（この状態が「滞納」、ここから先が「滞納処分」）

←

納付期限から20日以内（注3）に滞納者に督促状送付（「督促」　地税法726条1項本文）

←

滞納者に差し押さえできる財産がないか調べる（「財産調査」　徴収法141条）

←

督促状発送日から数えて10日以内に納付できない場合は、滞納者の財産を差し押さえる（「差し押さえ」　地税法728条1項1号他）。差押書や差押調書を滞納者等に交付して差し押さえを通知する（徴収法68条、同54条）（注4）

←

・差し押さえ財産が銀行預金のような「債権」の場合は、役所が銀行等から取り立てる（徴収法67条1項）

・差し押さえ財産が不動産（土地や建物）、動産の場合は、売ってお金に換える（「換価」）。換価は公売が原則（徴収法94条）

←
現金の差し押さえ、取り立てや換価によって得た金員を、差押者間で分配する（「配当」）（徴収法128条以下）。配当計算書謄本を滞納者に交付する（徴収法131条）
←
回収完了

（注2）本書に出てくる法律の略称の正式名称は以下のとおりです。国保法＝国民健康保険法、地税法＝地方税法、地自法＝地方自治法、徴収法＝国税徴収法、徴収法基本通達＝国税徴収法基本通達、通則法＝国税通則法、通則法基本通達＝国税通則法基本通達、行審法＝行政不服審査法、行訴法＝行政事件訴訟法。

（注3）国保料については何日以内という明確な規定はありません（地自法231条の3第1項）。

（注4）すでに滞納者の財産が他の税金等の滞納によって差し押さえられている場合は、参加差し押さえ→財産の交付要求をして、配当を受け、徴収します（地税法728条5項）。

役所は、滞納回収について内部マニュアル等を作成しているところが多いのですが、実際のところは、期限が過ぎたからといって、ただちに差し押さえに移行するわけではありません。財産調査をする前に何度か手紙や電話や滞納者の自宅を訪問するなどして滞納者に催告をくりかえし、それを無視する人を悪質滞納者と評価して財産調査をすることにしている自治体が一般的です。

先の「差し押さえ予告通知書」は、法的な根拠はありませんが、督促状を送ったけれども納付がない滞納者に対して、財産調査に移行する前に、滞納者に差し押さえを明確に意識させる目的で送付されるものです。最近赤い紙を使う自治体が増えていますが、ものものしさを演出することで納付に一定の効果があるということなのでしょう。

このまま放置すると差し押さえに至る危険性がありますので、必ず役所の窓口に納付の相談にいきましょう。職員から強く非難されるのではないかと不安になるかもしれませんが、その場合はこの問題に詳しい人に同行をお願いしましょう。また、録音機を携帯することも有効です。裁判になると、役所は裁判所に対して、滞納者がいかに悪質であるかを、あらゆる資料を用いて印象付けようとします。そのときに、滞納者が督促状や差し押さえ予告通知を無視したということが、格好の材料に使われてしまうのです。納付相談に行く際には、生活の実情を話して、Q14以降で説明する滞納処分の停止等の滞納者保護制度の活用を求めてください。

生活再建のアドバイスを

少し本題からそれますが、こうした方から相談を受けた場合の注意点です。差し押さえされる可能性のある方は往々にして、借金問題を抱えているとか、本来受けられる手当を受けられていないために低収入に甘んじているといった、生活困窮の原因が存在します。相談を受けたときには、差し押さえの問題のみならず、相談者の生活全般の再建に向けて相談に乗っていただくようお願いします。

Q2 そもそも差し押さえとは何でしょうか?

税金や国保料の滞納で差し押さえになると、具体的に何がどうなるのでしょうか。

A2 差し押さえの対象となる財産によって、差し押さえの効果は少しずつ異なります。ただ、財産を売ったり、自分で債権を回収するといった処分ができなくなるという点では、共通しています。

財産を差し押さえる目的は、役所が財産を換価して滞納租税等を回収できるようにするためです。そのために、滞納者が財産を処分したり財産の価値を下げる行為をできないようにするのです。

もう少し細かく、ケース別に見てみましょう。

（ケース1） Aさんが持っている土地を役所が差し押さえた場合（差し押さえられた財産が不動産の場合）

Aさんは、土地を売ったり、担保に提供したりできなくなります。差し押さえの後に、Aさんから土地を買ったXさんが、役所に対して「自分の滞納ではないから、土地を競売にかけないでほしい」と言っても、認められません。

Xさんは、不動産登記を見れば、これから買おうとする土地に差し押さえが付いていることはわかります。XさんはAさんから土地を買うときに、通常は、役所に滞納税金を全額払って、差し押さえを解除してもらうことになります。

差し押さえをされても、土地が売れて人手に渡るまでは、Aさんは土地の価値を著しく下げるようなことをしない限り、土地をこれまでどおり使い続けることができます（徴収法69条）。

（ケース2） Bさんが持っている高価な壺を役所が差し押さえた場合（差し押さえられた財産が動産の場合）

Bさんが、壺を売ったり、質に入れたりできないのは、ケース1のAさんと同じです。

動産（壺）の差し押さえは、役所が滞納者から財産を取り上げる方法でおこなうのが原則なので（徴収法56条1項）、壺を差し押さえられると、Bさんはその壺を使うこともできなくなります。ただし、役所がBさんに壺の保管を命じることもあります（徴収法60条1項）。その場合は、壺に封印などをして、差し押さえられた財産であることが明らかになるようにしなければなりません（同条2項、徴収法施行令26条）。

Bさんに壺の保管を命じた場合に、Bさんが壺の使用を申し立てて、役所がBさんに壺を使用させてもほとんど価値が減らず、租税の徴収が確実であると判断したときは、役所はBさんに壺の使用を許可することができます（徴収法61条1項）。

（ケース3） Cさんがタンス預金していた現金100万円を役所が差し押さえた場合（差し押さえられた財産が現金の場合）

ケース3で問題となる現金は、換価の必要がありません。そのため、滞納者が持っている現金を役所が差し押さえたときは、その金額分について租税を徴収したものとみなされます（徴収法56条3項）。

（ケース4） Dさんが預金しているE銀行の口座を役所が差し押さえた場合

（ケース5） 工務店Fが施工したG宅リフォーム工事代金債権を、役所が差し押さえた場合

（4、5とも差し押さえられた財産が債権の場合）

債権とは、債務者に一定の給付や行為を要求する権利のことです。滞納処分で問題となる債権は、預金債権や売掛金債権のように、すぐに現金化できるものが想定されています。

ケース4の預金債権の場合は、役所は、差し押さえの範囲内で差し押さえた預金債権を引き出すことができ（取立て）、E銀行からお金を払ってもらうことができます（徴収法67条1項）。

その代わり、差し押さえの範囲内で、Dさんは、E銀行からお金を引き出すことができなくなり、E銀行もDさんに支払うことができなくなります（徴収法62条2項、民法481条1項）。

ケース５の請負代金債権も同じく、役所は差し押さえの範囲内で、差し押さえを受けたリフォーム工事代金債権の債務者（第三債務者）Gさんに支払い請求（取り立て）ができ、Gさんから支払ってもらうことができます（徴収法67条1項）。F店は、差し押さえの範囲内でGさんから代金を払ってもらうことができなくなり、GさんもF店に支払うことができなくなります（徴収法62条２項、民法４８１条1項）。

（ケース６） Hさんがかけている I 生命保険会社の生命保険を役所が差し押さえた場合（差し押さえられた財産が生命保険契約の解約返戻金請求権の場合）

生命保険は、被保険者に病気、けが等の保険金支払い事由が発生したときに保険金が支払われる契約なので、債権の一種です。生命保険で差し押さえの対象となるのは満期金などもありますが、一番多いのは保険契約の解約返戻金（へんれいきん）です。特に保険金が出る予定のない生命保険から滞納租税を回収するためには、役所が滞納者名義の生命保険を解約して I 生命保険会社から解約返戻金がHさんに戻る状態をつくらなければなりません。つまり、この場合の差し押さえの対象は、保険契約そのものではなく、生命保険契約の解約返戻金請求権ということになります。

解約返戻金請求権を差し押さえた役所は、その取立権にもとづき、Hさんの生命保険を解約することができます。役所が I 社に生命保険契約の解約を通知すると、その1カ月後に契約は解除されます（保険法60条・同法89条）。ただし、生命保険の解約には一定の配慮が求められています。（Q９３項参照）

なお、保険契約者以外の保険金受取人であって、保険契約者もしくは被保険者の親族または被保険者である者が、保険契約者の同意を得て、当該期間が経過するまでの間に、解約返戻金に相当する金額を差し押さえ債権者に支払うとともに、保険者に対しその旨の通知をすれば、解除を阻止することができます（保険法60条2項、89条2項、徴収法基本通達67－6）。

Q3 財産調査ではどのようなことをするのでしょうか?

役所から、差し押さえ可能な財産があるかどうか調べるために財産調査をすると、言われました。個人情報なのに、保護されないのでしょうか。具体的には、どのようなことをするのでしょうか。

A3 法律で認められた調査ですので、必要性の要件を満たす調査は残念ながら個人情報保護の例外となります。ただ、必要性の要件は厳格に解釈されなければなりません。

1 財産調査の手法

滞納処分の流れでも述べましたが、役所は、督促に応じない人について、差し押さえをする財産があるかどうかを探すための調査、すなわち、財産調査をおこないます。条文上は、徴収職員は、滞納処分のため滞納者の財産を調査する必要があるときは、その必要と認められる範囲内において、滞納者や、滞納者の財産の占有者、滞納者の債権者・債務者、財産取得者、滞納者が出資している法人に質問や検査ができる、とされています（徴収法141条）。徴収法141条で認められた調査の不答弁や虚偽回答には、罰則が科せられます（徴収法181条、同189条）。また銀行等も、法令にもとづいて情報提供を求められた場合は、あらかじめ本人の同意をとることなく個人情報を第三者に提供することができるとプライバシーポリシーで定めているところがほとんどですので、銀行等が役所に回答することはやむを得ません。

自営業者の店に直接出向いて質問検査をすることも財産調査のひとつですが、滞納処分においては、金融機関への照会が中心です。具体的には、役所から金融機関に対して滞納者リストを送り、送付先の金融機関と取引があるか、取引があれば口座の種別、支店名、口座番号、預金額、口座の直近2、3カ月のお金の出入りの記録を開示してもらいます。

入出金記録を見れば、その預金口座に、どの手当や年金がいつ入金されるか、どこから定期的な入金があるか、どの生命保険会社から引き落としがあるか、どこの証券会社と取引があるかなどが一目でわかります。役所は、それを取っ掛かりとして、今度は証券会社や生命保険会社、取引先、勤務先に、どのような種類の資産を保有しているか、どのような内容の契約を交わしているか、といった照会をおこなっていきます。こういった照会が、本人の秘密裏におこなわれるのです。役所から見れば、入出金記録は宝の山なのです。

財産調査では預金調査を手掛かりにして滞納者の財産がほぼ丸裸にされているといえるでしょう。

2 データでの照会の模索

基本的に、この照会は、紙媒体でおこなわれていますが、昨今、財産調査が全国各地の自治体でおこなわれるようになったために、自治体・金融機関双方にとって入出力作業の事務負担が重くなっているのが現状です。そこで、データでの照会・回答ができないかを模索する動きが、自治体と金融機関それぞれにあります。行政機関による情報の集積に伴う、取得した情報の目的外使用、漏えいの危険などの問題も、今後検討される必要があるでしょう。

3 財産調査の必要性の範囲

サラ金業者が金融機関に対して預金の所在を問い合わせても、個人情報の壁に阻まれます。これは当然ですし、弁護士でも同様です。ところが、国税徴収法141条にもとづく問い合わせとなると、金融機関は紙代程度の手数料でほぼ確実に回答してくれるのです。役所にとっては非常に使い勝手のいい武器であるため、濫用の危険性が高いうえに、手に入れた情報の目的外利用の危険もあります。

しかし、あくまで財産調査は、「滞納処分のため滞納者の財産を調査する必要があるとき」に、「その必要と認められる範囲内において」（徴収法141条）、許容されているにすぎません。

ここで、「滞納処分のため滞納者の財産を調査する必要があるとき」とは、滞納処分のため、滞納者の財産の有無、所在、種類、数量、価額、利用状況、第三者の権利の有無等を明らかにするため調査する必要があるときをいう、とされています（徴収法基本通達141−1）。

質問の内容や検査の方法も、この必要性の範囲内で認められるにすぎません。国税徴収法141

条は、本来秘匿されるべき個人情報を金融機関に例外的に開示させる規定である以上、制限的な解釈が求められることはいうまでもありません。

Q4 差し押さえされた情報は、本人に通知されないのでしょうか？

銀行で通帳記入をしたら、「残高」がなくなっていて、「差し押さえ」とだけ印字されていました。どこからの差し押さえか、分からないものなのでしょうか。

A4 役所から交付される差押調書と配当計算書をみれば、どこが差し押さえて、どの滞納租税に充当されたのかが分かります。

差し押さえをおこなった場合、記録証明のために、差し押さえ財産の種類を問わず常に差し押さえ調書を作成することになっています（徴収法54条、徴収法基本通達54－1）。もっとも、仮に調書をつくっていなかったとしても、それのみで差し押さえが無効となるわけではありません。

また、配当時には、差し押さえた預金をどの滞納租税に充当したかを、債権者や滞納者に知らせるために配当計算書がつくられ、交付されます（徴収法131条、徴収法基本通達131－1）。交付方法は手渡しに限らず、郵送等でも可能です。配当計算書の滞納者への発送期限は、取り立ての次の日から数えて3日以内と定められています（徴収法基本通達131－4、通則法10条）。

また、督促、差し押さえ、配当等はいずれも行政処分に当たるため、滞納者は不服があれば審査請求をおこなうことができます（Q17参照）。そのため、督促状、差押調書謄本、配当計算書謄本には、不服審査請求の教示が記載されなければなりません（行政不服審査法82条）。

差押調書と配当計算書をみれば、どこからの差し押さえで、どこに充当されたのか分かる仕組みとなっています。

Q5 役所の取り立ては、なぜこんなにきびしいのでしょうか？

滞納について役所の人にいくら窮状を訴えても、〝規則ですから〟の一点張りで、まったく話を聞いてくれません。

A5

とくにひどい差し押さえを頻繁におこなう自治体は、滞納者はずる賢く、滞納者の説明する窮状をその場限りの言い逃れと受け止めている可能性があります。

また、そのような自治体は、目先の回収にとらわれすぎて、滞納者の生活再建やいかにして納税者へと育成するかといった視点に欠けているように思われます。

地方税に関する業務を担当している人がよく読む『税』（ぎょうせい発行）という雑誌があります。

この雑誌にはしばしば、群馬県前橋市や千葉県船橋市のように債権回収で成果を上げている自治体が取り上げられて、そのノウハウを披瀝（ひれき）しています。（注5）その内容を見てみましょう。対応の実態の一端を知ることができるかもしれません。

（1）前橋市は、厳しい取り立てをすることで収納率を上げています。そのおかげで、国保料は近隣市よりも安く、一般会計からの組み入れもしていないことを誇っています。船橋市も前橋市も、早期に滞納処分を実施して積極的に回収することが、滞納を拡大させないことにつながると考えているのです。滞納を拡大させないこと自体は間違っていませんが、滞納者の生活再建を考えていないことは問題です。

（2）前橋市も船橋市も、延滞金徴収を重視しています。延滞金徴収が期限内完納のためにも必要だ、と考えている点でも共通しています。船橋市の担当者は、滞納者の心理を「本税だけで分納設定しているから延滞金が付かないと勘違いし、いつ払っても同じだと思っているかもしれない」と、評しています。

また、船橋市の担当者は、「差押えしないで滞納者に電話催告等して分納設定した場合には、大抵二〜三回納付したのみで不履行になる確率が高い」、「差押えし、一部取立てして残額を分納設定したとしても、一度差押えしていることから、分納の履行率は極めて高い」として、分納履行のためには差し押さえの脅しが効果的だ、と述べています。

さらに、船橋市の担当者が、延滞金の完全徴収について、従前のルーチンワークで年何回かの一斉催告書を送付していた手法を指して、「滞納者から電話がかかってきて一括納付は無理だからと本税だけで分納設定したら、せいぜい二〜三回納付して不履行になることが多い。二〜三か月後に職員が『分納が納付されていないようですが』と電話すると、『納付書をなくしてしまったのでもう一度送ってくれますか』とくる。……滞納者が納付書や未納明細書をなくすわけがない。せいぜい遅れ遅れで二〜三回納付したら履行せず、今度役所から電話が来るまで放っておけなどと家族に話しているかもしれない」と述べていることには驚かされます。

相談を受けている役所の担当者が、内心で滞納者をこのように見ているとすれば、窮状をいくら説明したところで、その場限りの言い逃れとしか受け止めてもらえないとしても無理はありません。

(3) 船橋市の担当者は、「滞納処分の対象は……多岐にわたるが、滞納者にとって最もダメージが大きく効果的で、換価が早いのは債権である」、「(債権差押えは) 滞納者の生活に直結しているだけに、差押えするとこれまでまったく連絡もなかった滞納者からどうにかしてくれといった連絡がくる確率が高い」と述べています。差し押さえを交渉のツールとして利用しているのは先にも述べましたが、滞納者にダメージが大きく、債権回収に効果的な債権差し押さえをもっとも評価する姿勢に、滞納者の生活をどう再建するかという目線を見つけ出すことはできません。

さらに船橋市の担当者は、滞納者との交渉術として、「滞納者との折衝では滞納者から『もうこれ以上はどうしても無理です』との言葉を引き出すまで頑張って折衝する。少額の金額を提示した理由が消費者金融への返済など民間債務を優先する理由であったなら、地方税法14条により税や強制徴収公債権を優先させて確実に徴収しなければならない」とアドバイスします。税金は義務だから民間債務を不履行にしてでも払え、というのでは、行き着く先は自己破産、廃業、生活保護しかありません。本来、この滞納者に必要なのは、一刻も早く生活再建を進めるために一緒に考える役所の職員なのです。

（4） もう少し脱線しますが、取り立ての厳しい自治体では徴収職員のメンタルヘルスが著しく悪化している懸念があります。窮状を訴える人をさらに困窮の谷底に自分が追いやっていると思うと職員もつらいことでしょう。そこで、滞納している人は悪質だというイメージを植え付けることで、自分たちを正義の立場におこうとしているのかもしれません。

（注5）『月刊　税』2013年1月号、「地方税滞納整理8の秘訣」、同2012年4月号「厳しい時代における効率的な自治体徴収のあり方」等の記述を参考にしました。

Q6 徴収部門の独立化や他市との共同化とは何ですか？

国民健康保険税を滞納していたら、最初は国保課の収税担当者と話し合っていたのですが、途中から、市役所内の債権回収チーム（もしくは○○県の地方税回収機構）に案件が移ったので、そちらと交渉してほしい、と言われました。何が起きたのですか？

A6 市町村内で設置されたり、従来の市町村の枠を超えて設立された滞納回収の専門組織に案件が委ねられたものと考えられます。

従来は国保料の滞納は国保課で、市民税の滞納は市民税課、といった具合に、それぞれの部署で処理していた問題を、市町村内で債権回収課等の専門部署を創設したり、市町村内の各部署で有している情報を共有することがすすめられています。これにより、税務課の持つ税情報の共有、他部署がおこなった差し押さえに追随して、参加差し押さえをするといったことがおこなわれるようになり、債権回収を推しすすめる手法として活用されています。もっとも、市の持っている情報は、財産情報、滞納情報だけでなく、窮状を訴える情報も含まれています。市の持っている情報が適切に共有されて、滞納者保護制度（Q14以下）の活用につなげていくことが大切です。

加えて、近時、京都地方税機構や、和歌山地方税回収機構、香川滞納整理推進機構などの、従来の市町村の枠を超えた租税の共同徴収や滞納整理の組織づくりも進行しています。このような組織のもとでは、滞納処分が実施されたときに、滞納処分の停止などの交渉をどの部署とすることになるのでしょうか。滞納者や運動団体などにはよくわからない問題であるうえに、役所側も案件が徴収機構に移行したと思いこんで、適切な滞納者保護制度を活用せずに放置する、などの問題がみられるところです。

1　役所が共同徴収を推進する動機

「三位一体改革」のひとつとして、平成19年（２００７年）に、所得税から住民税への税源移譲が実施されました。そのため、地方自治体は、それまで以上に滞納租税を積極的に回収しないと財政の悪化に直結する、との危機感を強めるようになりました。

そのもとで、①共同して徴収した方が効率的で徴収率が向上する、②市町村では滞納整理に対するノウハウが少ないので、職員を教育し、将来的には市町村が自立して徴収できるようにしたいというものから、③市町村は滞納者との距離が近くしがらみに影響されるので、別組織による徴収にすることで強制処分に踏み切りやすくするといった思惑から、共同徴収の動きが広まってきました。

2　さまざまな組織形態と交渉先

滞納整理機構という名称の組織は全国につくられるようになりましたが、その組織形態も与えられた権限もさまざまであり、それにより滞納者側が取るべき対応（例えば滞納処分の停止を求める場合にどこに申し入れるか）も変わることになります。機構が一部事務組合（地自法284条以下）や広域連合（地自法291条の2以下）として設置された場合は、共同処理するとされた事務の権限は市町村からこれらの組織に引き継がれるため、交渉の窓口は機構ということになるでしょう。逆に、機構が市町村の機関等の共同設置（地自法252条の7以下）や、任意組織での協力による場合は、市町村に事務の権限が残されているので、交渉の窓口は市町村ということになります。

3　共同徴収の問題点

徴収部門だけが機構に移り、課税部門は従来の市町村に残されたままということになると、課税部門が把握している納税者の生活状況等の情報が徴収部門と共有されないおそれが強くなります。そのため、福祉との連携低下により生活再建に支障が出るおそれがあります。

この点は、厚生労働省や総務省も課税事務と徴収事務を切り離したことで、課税サイドが持っている情報を徴収サイドが使えていないこともあると認識しており、徴収部門による機械的な差し押さえや、課税部門の「（徴収部門に）行ったらどうしようもない。払ってもらうしかない」という対応は、一般論としては適切ではないとの認識を示しています。（注6）

（注6）　大阪社保協2012年10月16日実施の厚生労働省、総務省ヒヤリングの際の担当者の回答（大阪社保協ＦＡＸ

通信1０1９０号)。なお、平成26年3月に発表された官庁競争入札等監理委員会地方公共サービス委員会報告書16頁でも、地方税滞納整理機構による債権回収の課題の一つに「福祉との連携低下等への懸念」」が指摘されています。

4　債権回収の民間委託化と問題点

加えて、近時債権回収業務(の一部)を民間業者に委託する市町村も増えてきています。具体的には、委託したコールセンターから滞納者に自主的納付を呼びかけたり、督促状の印字発送を業者に委ねたり、催告や納付相談、滞納処分の対象とならない債権(公営住宅使用料等)の裁判手続きによる回収を、弁護士、認定司法書士、サービサー(債権回収会社)に依頼したりするといった事例がみられます。

ところが、徴収猶予や滞納処分の停止の意思決定は公権力の行使にあたるため、公務員が直接おこなわなくてはなりません。そのため、催告や納付相談、債権回収をおこなう者が債権回収する方向に特化してしまい、いくら生活の窮状を訴えても聞いてもらえない危険性が高いのです。加えて、これらの者が(弁護士等であったとしても)、福祉的な知識に乏しく適切なアドバイスがなされうるか疑問があり、ここでも徴収部門と課税部門の分離による福祉との連携低下が生じうるのです。

市町村内で徴収専門部署をつくった場合でも、市町村の枠を超えた共同徴収部署に案件が移された場合であっても、課税部門と徴収部門との間で適切な情報共有がなされ、過酷執行とならないように差し押さえのルールが守られ、滞納処分の停止といった滞納者保護制度が正しく適用されなけ

ればいけないという本質に何ら変わりはありません。

役所が、単なる滞納の事実のみをもって悪質滞納者と決めつけて無法な滞納処分をおこなうことのないよう、読者のみなさんや、連携する運動団体のみなさんが、行政のチェック機能を果たし、過酷な差し押さえなどの被害の掘り起こしをすすめていくとりくみが求められます。

Q7 差し押さえには制限はないのでしょうか?

役所は、どんな財産でも自由に差し押さえできるのでしょうか?

A7 差し押さえの対象となる財産には、制限があります。役所が好き勝手に差し押さえできるわけではありません。

滞納処分とは、強制徴収公債権について滞納が生じた場合に、役所がこれを回収するためにおこなう一連の手続きをいいます。強制徴収公債権とは、行政が、裁判を経ずに、自力で強制徴収できる請求権です。税金、国保料、介護保険料、保育料などがこれに当たります。そして、滞納処分の手続きのうち、お金に換える財産を確保するためになされるのが差し押さえです。役所は、差し押さえをして滞納者が財産を処分できないようにしたうえで、その財産をお金に換え、滞納分の回収をしていきます。

滞納処分は、強制的に市民の財産をお金に換えて回収していく手続きですので、市民の生活や事業に多大な影響を及ぼします。これが行き過ぎると、市民は生活ができなくなります。人が生活していくためには必要不可欠な財産があります。そこで、法は、差し押さえができない財産を定めるなど、ルールを定めています。概観すると、表5のとおりです。

【表5】 差し押さえの制限

1　差し押さえの対象となるのは滞納者の財産のみ。
2　差押禁止財産を差し押さえることはできない。
　①　絶対的差押禁止財産（国税徴収法75条1項）
　②　条件付差押禁止財産（国税徴収法78条）
　③　給料等の差押禁止（国税徴収法76条）
　④　社会保険制度に基づく給付の差押禁止（国税徴収法77条）
　⑤　特別法による差押禁止
3　超過差し押さえの禁止、無益な差し押さえの禁止。
4　市民の生活に影響のない財産を選択すべきである（差し押さえ財産の選択）。

Q8 差し押さえの対象となる滞納者の財産とは、どの範囲をいうのでしょうか？

「居酒屋を経営していますが、市職員が店に来て、『市県民税の滞納分をどうにかしろ』、『払えなかったら親族のところに行く』、『お店にキープしているボトルを差し押さえる』などと言ってきました。お客さんのキープボトルを差し押さえられたら困ります。親族にも迷惑を掛けたくないのですが、どうしたらよいでしょうか」（ある自営業者からの相談）

A8 差し押さえの対象となる財産は、滞納者の財産のみです。

店で保管しているキープボトルは、お客さんの財産です。差し押さえは違法ですので、もし差し押さえられても、解除を求めることができます、また同様に、親族の財産も、差し押さえの対象にはなりません。市職員の発言は、違法ないし不当です。

1　差し押さえの対象となるのは、滞納者の財産だけ（国税徴収法基本通達47－5）

当たり前のことですが、差し押さえの対象となるのは、滞納者の財産だけです。しかし、ときとして他人の財産が差し押さえられることもあるので、チェックが必要です。

差し押さえの対象となる財産ごとに誰の所有物かを推定する基準が定められています（国税徴収法基本通達47－20）。動産の場合、原則として滞納者が所持していれば滞納者の所有物と推定されますが、他人の所有物であることが明らかな場合は推定されません。

近時、Q8の説例のような事案が山口県でありました。キープボトルは、客が購入したボトルを店が預かっているだけですので、所有権がボトルをキープした客にあることは明らかです。したがって、この差し押さえは違法ですので、差し押さえの解除を求めるべきです。

なお、自動車、不動産、株式など登記や登録がなされる財産は、名義が滞納者であれば滞納者の所有物と推定するとされています。

もちろん、実際に滞納者の所有物であれば、別人が所持したり名義人になっていたりしても、差し押さえの対象となります（国税徴収法基本通達47－21）。たとえば、説例とは反対に、滞納者が客であるときには、役所は店が保管している客の所有物であるキープボトルを差し押さえることができます。ただし、第三者が財産を所持している場合は、その第三者が引き渡しを拒むときには、原則として差し押さえができず、差し押さえをするためには特別な手続きを経なければなりません（国税徴収法58条）。第三者の権利を配慮したものです。

2　親族といえども、たとえ配偶者や子どもであっても、滞納者とは別人です

親族には、滞納租税を納付する法的な義務はありません。したがって、「親族のところに行く」と

いう市職員の発言は、違法ないし不当なものです。

ただし、滞納者の配偶者や同居の親族の場合には、誰の所有物なのか分かりにくいため、滞納者の配偶者（事実婚も含む）または同居の親族が、主として滞納者の資産または収入によって生計を維持している場合には、滞納者に帰属する財産として認定してよいとされています。しかし、配偶者が婚姻前から有していた財産や婚姻中に自己の名において得た財産など、配偶者の所有物であることが明らかであるときは、差し押さえることはできません（国税徴収法基本通達47－22）。したがって、配偶者や同居の親族に対して差し押さえがなされたときには、主として滞納者の資産や収入によって生計を維持していないこと、あるいは差し押さえの対象となりそうな財産が滞納者とはまったく無関係に入手されたものであることなどの説明が必要となる場合があります。

なお、国保料では、擬制世帯主という別の問題があります。これは、世帯主は社会保険や後期高齢者医療制度に加入しているが世帯構成員は国保に加入している場合に、世帯主は国保非加入者であっても国保料支払い義務が生ずるというものです（国保法76条1項、地方税法703条の4）。もしこれを滞納すれば世帯主が滞納者となるので、世帯主の財産が差し押さえの対象となります。この場合、住民票の世帯主変更または世帯分離ができれば、将来的には世帯主の財産は差し押さえの対象から外れます。また、差し押さえとは別の話ですが、世帯分離によって、国保料の軽減措置が受けられる場合もあります。

Q9

どんな差し押さえのやり方でも、仕方がないのでしょうか。「過剰な差し押さえ」ということをよく聞きますが、許されるのですか?

①滞納額に比して過剰な差し押さえは許されるのでしょうか。
②財産価値がほとんどない財産の差し押さえは許されるのでしょうか。
③若いときに入った生命保険を差し押さえられてしまいました。現在では健康面から生命保険に入るのが難しいので、生命保険を解約されると困ります。どうしたらよいでしょうか。
④居酒屋の営業中に、市職員が来て、客を帰らせて、店の中を捜索したため、お客さんの評判が落ちてしまいました。このようなやり方は許されているのでしょうか。

A9

何でもいつもで差し押さえできるわけではありません。過剰な差し押さえは禁止されています。

Q9の①から④についての答えは――
①超過差し押さえは禁止されています。
②無益な差し押さえは禁止されています。

③生命保険の差し押さえについては、一定の配慮が求められています。
④差し押さえは生活や事業への影響も大きいので、手続き上の配慮も求められています。

1　滞納租税を徴収するために必要な財産以外の財産は、差し押えることができません（国税徴収法48条1項：超過差し押さえの禁止）

例えば、滞納租税額が合計10万円なら、100万円入っている預金口座であったとしても、差し押さえできる金額は10万円にとどまります。もっとも、物の形状から分割できない物や、分割することでその物の価値が大きく下がる物などの場合は、その財産の価額が滞納額を超えるときであっても、超過差し押さえには当たりません（国税徴収法基本通達48－3）。

2　差し押さえ時の対象財産の処分予定価額によっては、差し押さえできません

対象財産の処分予定価額が、滞納処分費用および回収対象となる滞納租税より優先して回収される税金等の金額の合計額を超える見込みがなければ、滞納処分が滞納租税の回収に役立たないので、差し押さえはできません（国税徴収法48条2項：無益な差し押さえの禁止）。もっとも、そのことが一見して明らかでない限り、直ちに差し押さえが違法となるわけではありません（国税徴収法基本通達48－5）。

【表 6】 生命保険契約の解約返戻金請求権の取り立て（国税徴収法基本通達 67-6）

生命保険契約の解約返戻金請求権を差し押さえた場合には「差押債権者は、その取立権に基づき滞納者（契約者）の有する解約権を行使することができる（一九九九年＝平成十一年九月九日、最高判参照）。ただし、その解約権の行使に当たっては、解約返戻金によつて満足を得ようとする差押債権者の利益と保険契約者及び保険金受取人の不利益（保険金請求権や特約に基づく入院給付金請求権等の喪失）とを比較衡量する必要があり、例えば、次のような場合には、解約権の行使により著しい不均衡を生じさせることにならないか、慎重に判断するものとする。 （1）近々保険事故の発生により多額の保険金請求権が発生することが予測される場合 （2）被保険者が現実に特約に基づく入院給付金の給付を受けており、当該金員が療養生活費に充てられている場合 （3）老齢又は既病歴を有する等の理由により、他の生命保険契約に新規に加入することが困難である場合 （4）差し押さえに係る滞納税額と比較して解約返戻金の額が著しく少額である場合

3 生命保険の差し押さえについては、一定の配慮が求められます

役所は生命保険の差し押さえをすることができます（Q2ケース6参照）。正確には、生命保険契約の解約返戻金請求権の差し押さえといいますが、これについては、役所は取立権にもとづき保険を解約することができます。役所から解約通知が保険会社に到達した日から1カ月で、生命保険は解約になります（保険法60条・同法89条）。

しかし、生命保険は、加入に条件がありますし、加入時期によって保険料も異なります。そこで、解約するにあたっては、滞納租税を回収する役所の利益と保険契約者および保険金受取人の不利益（保険金請求権や特約に基づく入院給付金請求権等の喪失）とを比較して考える必要があります。このことが**表6**のように、通達でも定められています（国税徴収法基本通達67－6）。

たとえば、生命保険の満期が近づいていて満期ま

で待った方がいま解約して返戻金を受けるよりも多額の保険金が得られる場合、いま解約されてしまうと新たに生命保険に加入しようとしても高齢や持病のために保険会社が引き受けてくれない場合、掛け捨ての医療保険で解約しても数万円の無事故給付金しか戻ってこない場合などは、役所は、生命保険の解約を避け、別の資産での回収を検討すべきです。もしこのような生命保険に対して差し押さえの通知が来たときには、すぐに役所に連絡し、状況を伝えてください。

4　差し押さえは生活や事業への影響も大きいので、手続き上の配慮も求められています

まず、督促状や納付催告書を発した後6カ月以上を経てから差し押さえをする場合には、差し押さえに着手する前に、あらかじめ催告をするものとされています（国税徴収法基本通達47－18）。

また、個人の住居に立ち入っておこなう差し押さえについては、住居の平穏を守るため、夜間や休日にはおこなわないのが原則です（国税徴収法143条1項、国税徴収法基本通達143－1～3、同47－19、民事執行法8条1項）。

一方、旅館、飲食店など、夜間でも公衆が出入りすることができる場所については、滞納処分の執行のためやむを得ない必要があると認めるに足りる相当の理由があるときは、夜間の捜索も可能です（国税徴収法143条2項）。たとえば、捜索の相手方が夜間だけ在宅または営業し、あるいは、財産が夜間だけ蔵置されている等の事情が明らかな場合などです（国税徴収法基本通達143－4、143－5）。

しかし、説例④では、夜間に、しかも居酒屋の営業時間の一番のかき入れ時に訪問し、捜索のた

めに客を追い出しましたが、仕込みをしている開店前あるいは客が帰った閉店後に来たほうが、お店へのイメージダウンも避けられ、営業にも支障がなかったといえます。そこで、この捜索は、夜間に捜索をする必要性、すなわち滞納処分の執行のためやむを得ない必要があると認めるに足りる相当の理由が欠けており、違法ないし不当な手続きであったといえます。

Q10 事業に必要な器具を差し押さえられてしまいました。このような差し押さえは仕方がないのでしょうか？

A10 最低生活の保障、生業の維持、精神的生活の安寧の保障等の理由から、法律上、差し押さえが禁止されている財産があります（絶対的差押禁止財産）。また、差し押さえの対象となった財産が事業に必要なものである場合、他の財産と変更することができる場合があります（条件付差押禁止財産）。

事業が維持できなくなる、生活ができなくなるなど、過酷な差し押さえではないかと感じた場合には、まず絶対的差押禁止財産や条件付差押禁止財産に当たるかどうかをチェックしてください。これに当たる場合には違法な差し押さえですので、解除を求めましょう。

また、差押禁止財産に当たらない場合でも、不適切な差し押さえである場合がありますので、税金の支払いについて誠実な対応を行うとともに、商売道具等の差し押さえについては解除を求めましょう。

【表 7】 絶対的差押禁止財産（一般の差押禁止財産）

国税徴収法75条
次に掲げる財産は、差し押えることができない。
1　滞納者及びその者と生計を一にする配偶者（届出をしていないが、事実上婚姻関係にある者を含む。）その他の親族（以下「生計を一にする親族」という。）の生活に欠くことができない衣服、寝具、家具、台所用具、畳及び建具
2　滞納者及びその者と生計を一にする親族の生活に必要な三月間の食料及び燃料
3　主として自己の労力により農業を営む者の農業に欠くことができない器具、肥料、労役の用に供する家畜及びその飼料並びに次の収穫まで農業を続行するために欠くことができない種子その他これに類する農産物
4　主として自己の労力により漁業を営む者の水産物の採捕又は養殖に欠くことができない漁網その他の漁具、えさ及び稚魚その他これに類する水産物
5　技術者、職人、労務者その他の主として自己の知的又は肉体的な労働により職業又は営業に従事する者（前二号に規定する者を除く。）のその業務に欠くことができない器具その他の物（商品を除く。）
6　実印その他の印で職業又は生活に欠くことができないもの
7　仏像、位牌その他礼拝又は祭祀に直接供するため欠くことができない物
8　滞納者に必要な系譜、日記及びこれに類する書類
9　滞納者又はその親族が受けた勲章その他名誉の章票
10　滞納者又はその者と生計を一にする親族の学習に必要な書籍及び器具
11　発明又は著作に係るもので、まだ公表していないもの
12　滞納者又はその者と生計を一にする親族に必要な義手、義足その他の身体の補足に供する物
13　建物その他の工作物について、災害の防止又は保安のため法令の規定により設備しなければならない消防用の機械又は器具、避難器具その他の備品
2　前項第一号（畳及び建具に係る部分に限る。）及び第十三号の規定は、これらの規定に規定する財産をその建物その他の工作物とともに差し押えるときは、適用しない。

1　法律上、絶対的に差し押さえが禁止されている財産があります（国税徴収法75条：絶対的差押禁止財産）

表7を見れば明らかなとおり、絶対的差押禁止財産は、差し押さえられると、最低生活、生業の維持、精神的生活の安寧が損なわれるものばかりです。

絶対的差押禁止財産に該当することが外観上明白であるときは、差し押さえは無効です。また、外観上明白でない場合は、直ちに無効となるわけではありませんが（国税徴収法基本通達75―1）、認定を誤ったものとして取り消しの原因となります。過酷な差し押さえではないかと感じた場合には、まず絶対的差押禁止財産に当たるかどうかをチェックしてください。

2　農業、漁業、職人等を営むうえで必要な器具は、絶対的差押禁止財産に当たる物と、条件付差押禁止財産に当たる物があります

条件付差押禁止財産とは、滞納者が別の財産を提供した場合（滞納額全額を徴収することができる財産で、換価が困難でなく、かつ、第三者の権利の目的となっていないものを提供した場合）には、選択により、差し押さえをしないというものです。表8のとおり、生業に必要な器具について他の財産との変更を認めているものです。

3　差し押さえが可能である財産の場合でも、留意すべき定めがあります

表9のとおり、徴収職員は、財産の選択に際して十分留意すべきことが定められています（国税

【表 8】 条件付差押禁止財産

国税徴収法78条 次に掲げる財産（75条第1項第3号から第5号まで（農業等に欠くことができない財産）に掲げる財産を除く。）は、滞納者がその国税の全額を徴収することができる財産で、換価が困難でなく、かつ、第三者の権利の目的となっていないものを提供したときは、その選択により、差押をしないものとする。 1　農業に必要な機械、器具、家畜類、飼料、種子その他の農産物、肥料、農地及び採草放牧地 2　漁業に必要な漁網その他の漁具、えさ、稚魚その他の水産物及び漁船 3　職業又は事業（前2号に規定する事業を除く。）の継続に必要な機械、器具その他の備品及び原材料その他たな卸をすべき資産

【表 9】 差押財産の選択（国税徴収法基本通達 47 － 17）

差し押さえる財産の選択は、徴収職員の裁量によるが、次に掲げる事項に十分留意して行うものとする。この場合において、差し押さえるべき財産について滞納者の申出があるときは、諸般の事情を十分考慮の上、滞納処分の執行に支障がない限り、その申出に係る財産を差し押さえるものとする。 (1) 第三者の権利を害することが少ない財産であること（第49条関係参照）。 (2) 滞納者の生活の維持又は事業の継続に与える支障が少ない財産であること。 (3) 換価が容易な財産であること。 (4) 保管又は引揚げに便利な財産であること。

徴収法基本通達47－17）。

商売道具の差し押さえの場合、「滞納者の生活の維持又は事業の継続に与える支障が少ない財産であること」という留意事項に反している場合があります。熊本県で、市県民税を滞納したとして、商売道具であるたこ焼きの移動販売車を差し押さえた事案がありました。これはまさに滞納者の事業の継続を脅かす差し押さえであり、不適切であったといえます。売掛金全額を差し押さえられてしまい、今後の仕入れや事業所家賃の支払いもできなくなってしまったという事案もありますが、これも同様です。

留意事項に反する不適切な差し押さえである場合には、税金の支払いについて誠実な対応をとりながら、商売道具等の差し押さえは解除するよう求めていきましょう。

4　滞納処分では現金は差押禁止財産とはされていませんが、納税者保護制度の対象になります

現金については、滞納処分では差押禁止財産とはされていません。しかし、差し押さえにより最低生活も維持できなくなってしまうことを、法は予定していません。このような場合には、財産状況や収入状況について誠実に説明し、納税の猶予（徴収の猶予）、換価の猶予、滞納処分の停止などの納税者保護制度により、差し押さえの解除等を求めましょう（Q14参照）。

なお、民事裁判で勝訴した場合などにおこなう民事執行では、2カ月分の最低生活費（66万円）が差押禁止財産とされています（民事執行法131条3号、民事執行法施行令1条）。それなのに、滞納処分では現金が差押禁止財産とされていないのは、納税者保護制度で救済が可能だからです。ですので、納税者保護制度の適切な運用は重要です（納税者保護制度については後ほど解説します）。

Q11 給料・退職金・年金等を差し押さえることは許されるのでしょうか。全額の差し押さえを認める「承諾書」は断れないのでしょうか。

市職員から、給料の全額の差し押さえに承諾するよう、「承諾書」にサインを求められました。滞納している以上、これに応じなければならないのでしょうか？

A11 給料、退職金、年金も、差し押さえの対象となりますが、金額は制限されます。また、「承諾書」に応ずる義務はありません。

給料、退職金、年金も差し押さえの対象となります。ただし、全額が差し押さえの対象となるわけではなく、一定の金額を控除した残額が、差し押さえの対象になります。これらが差し押さえられた場合は、まず控除すべき金額が控除されているかどうかチェックが必要です。

給料、退職金、年金で十分に注意しなければならないのは「承諾書」です。承諾があると、全額の差し押さえも可能になってしまうからです。もちろん承諾は真意に基づくものでなければならず、強制は許されません。市民に承諾の義務はありません。

1　給料の差し押さえの範囲

給料も、差し押さえの対象となります。ただし、全額が差し押さえの対象となるわけではなく、一定の金額を控除した残額が、差し押さえの対象になります。給料は、人が生活をしていくために必要な資金となるものですので、法はこれに配慮して一部差押禁止としています。

給料の差押禁止額は、表10のとおりです。滞納者と生計を一にする配偶者（事実婚を含む）その他の親族の人数が増えるごとに、最低生活費相当額は1人あたり4万5千円ずつ増えていきますので、差押禁止額も増えていきます。

なお、賞与は、その月に支払われる給料等とみなして、給料と同じ計算で差押禁止額が決まります。給料と賞与が同じ月に支給されても、最低生活費相当額は1回しかカウントされません（国税徴収法76条3項、国税徴収法基本通達76—13）。

給料が差し押さえられてしまうと、生活が維持できなくなってしまうときもあります。たとえば、病気などで支出がある場合などです。このような場合には、財産状況や収入状況について誠実に説明し、納税の猶予（徴収の猶予）、換価の猶予、滞納処分の停止などの納税者保護制度により差し押さえの解除等を求めましょう（Q14参照）。

ちなみに、民事執行の場合、給料はその4分の3の部分、もしくは、33万円のいずれか低い金額を超えて差し押さえすることはできないとされています（民事執行法152条1項、民事執行施行令2条1項1号）。たとえば、月収20万円の場合、差し押さえできるのは、その4分の1である5万円です。民事執行の場合に、差し押さえによって生活が脅かされるときには、債権者に対して、差し押さえ範囲の変更を求める申し立てをすることができます（民事執行法153条）。

2　退職金の差し押さえの範囲

退職金についても、留意すべきポイントは1と同様です。

退職金の差押禁止額は、表11のとおりです。給料と似ていますが、少しだけ違っています。

3　年金の差し押さえの範囲

年金も、差し押さえの対象となります。この点は、民事執行の場合と大きく異なる点です。民事執行では、年金・恩給、休業手当金等を差し押さえることはできません（国民年金法24条本文、厚生年金保険法41条本文、恩給法11条3項本文、国家公務員共済組合法49条本文等）。しかし、滞納処分では、年金・恩給等を給料とみなして差し押さえが認められています。ただし、全額が差し押さえの対象となるわけではなく、給料と同様、一定の金額を控除した残額が、差し押さえの対象になります（**表12**）（国民年金法24条但書、厚生年金保険法41条但書、恩給法11条3項但書、国家公務員共済組合法49条但書等）。

年金が差し押さえられた場合は、まず控除すべき金額が控除されているかどうかチェックが必要です。なお、退職一時金、一時恩給などは退職手当等とみなして退職金の計算式が適用されます（国

【表 10】 給料の差押禁止額　国税徴収法 76 条 1 項、国税徴収法施行令 34 条

差押禁止額＝
給料から天引きされる所得税・住民税・社会保険料（A）
＋最低生活費相当額（現在は10万円＋4.5万円×滞納者と生計を一にする配偶者（事実婚を含む）その他の親族の人数）（B）
＋生活費の加算額（(総支給額－ A － B）の2割）

【表 11】 退職金の差押禁止額　国税徴収法 76 条 4 項、国税徴収法施行令 34 条

差押禁止額＝
給料から天引きされる所得税・住民税。社会保険料（A）
＋10万＋（4.5万×滞納者と生計を一にする配偶者（事実婚を含む）その他の親族の人数×3）（B）
＋ B ×2割×（退職金支給の基礎になった年数－5）（C）

【表 12】 年金の差押禁止額　国税徴収法 76 条 1 項、国税徴収法施行令 34 条

差押禁止額＝
給料から天引きされる所得税・住民税。社会保険料（A）
＋10万＋（4.5万×滞納者と生計を一にする配偶者（事実婚を含む）その他の親族の人数×3）（B）
＋ B ×2割×（退職金支給の基礎になった年数－5）（C）

税徴収法77条後段）。

また、年金が差し押さえられてしまうと、生活が維持できなくなってしまうときもあります。その場合は、給料が差し押さえられたときと同様、納税者保護制度による対応を考えなければなりません。

4　給料・賞与、退職金、年金で十分に注意しなければならないのは、「承諾書」

滞納者の承諾があれば、これまで述べてきた差押禁止額を超えて、全額でも差し押さえできるようになります（国税徴収法76条5項、国税徴収法基本通達76－16）。ですので、承諾には細心の注意が必要です。

承諾は書面でおこなうこととされています（国税徴収法基本通達76－15）。もちろん承諾は真意にもとづくものでなければならず、強制は許されません。法律が一定の金額を差押禁止としたのは、生活していく上で必要不可欠な財産だからです。当然、市民には承諾の義務はありません。

したがって、承諾を求められた場合には、本当に給料や年金の全額を差し押さえられても大丈夫かどうか慎重に検討し、生活や事業が困難になるようであれば承諾を拒否すべきです。そもそも最低生活の保障のための差押禁止額ですから、承諾を拒否すべき場合が多いでしょう。

また、承諾について慎重に検討する機会を与えられなかったとき、承諾しなければ不利益となるような脅しがなされたとき、その他承諾を強制されたような場合には、承諾の無効を主張するべきです。また、将来に向かっては、承諾を撤回すべきです。

Q12 児童手当の差し押さえは許されるのですか。

A12 児童手当など、受給者が実際に利用できなければ支給される意味が失われてしまう財産については、法律が差押禁止財産としています。

法律のなかには、一定の目的を実現するために、金品の支給をしているものがあります。たとえば、児童手当は、「父母その他の保護者が子育てについての第一義的責任を有するという基本的認識の下に、児童を養育している者に児童手当を支給することにより、家庭等における生活の安定に寄与するとともに、次代の社会を担う児童の健やかな成長に資すること」（児童手当法1条）という目的を実現するために支給されます。このような児童手当は、児童を養育している者が実際に利用できないと、その趣旨が失われてしまいます。そこで、児童手当法は、「児童手当の支給を受ける権利は、譲り渡し、担保に供し、又は差し押えることができない。」（同15条）として、「差押禁止債権」と定めています。

このように支給を受ける者が実際に利用できなければ支給される意味が失われてしまう財産につ

【表 13】 特別法による差押禁止財産

(1) 公的な保護・援護等として支給された金品 例：高額療養費、傷病手当などの健康保険の保険給付（国保法67、健康保険法61）、生活保護金品（生活保護法58、障害者自立支援給付（障害者総合支援法13）、児童福祉法に基づいて支給された金品（同法57条の5）、児童手当（児童手当法15）、児童扶養手当（児童扶養手当法24）、特別児童扶養手当（特別児童扶養手当支給法16・児童扶養手当法24）、養育医療費（母子保健法24）、後期高齢者医療給付（高齢者の医療の確保に関する法律62）、雇用保険給付（雇用保険法11）、介護保険給付（介護保険法25） (2) 職務上の災害補償等を受ける権利 例：災害補償を受ける権利（労基法83条2項）、労災補償を受ける権利（労災保険法12条の5第2項） (3) 特定の災害補償等を受ける権利 例：自賠責保険の被害者の保険金請求権及び自動車保有者の保険金仮渡請求権、自動車保有者不明時の損害填補請求権（自賠法18、同74）、刑事補償金（刑事補償法22）、犯罪被害者等給付金（犯罪被害者等給付金支給法17）、公害健康被害補償給付金（公害健康被害補償法16）、原子力事業者がかけていた責任保険契約の保険金について原子力事故の被害者が受け取る権利（被害者が差し押さえる場合を除く）（原子力損害賠償法9条3項） (4) 一定の共済金または保険金を受ける権利 例：損害保険金（保険法22条3項） これ以外にも「差押禁止財産の範囲及び差し押さえの登記又は登録を嘱託する場合の関係機関について」（昭和58年7月13日付国税庁長官通達徴徴4－2（例規））と別表1に記載。

いては、法律が個別に差押禁止財産としています。

Q13

児童手当が入金された預金口座を差し押さえられてしまいました。子どもの給食費や修学旅行費を学校に払うことができません。どうしたらよいでしょうか。

A13

差押禁止の意味を失わせる「預金の差し押さえ」は許されません。『鳥取県児童手当差し押さえ事件判決』がそのことを明らかにしました。

違法な差し押さえですので、差し押さえの解除を求めるとともに、取り立てられた財産の返還を求めてください。また、国家賠償法による損害賠償請求も検討してください。

1　預金口座の差し押さえの事例が多発しています

最近、「児童手当が入っている預金を差し押さえられた」、「年金の入金口座を差し押さえられた」、「給料が振り込まれた預金を差し押さえられた」という相談が非常に多くなっています。Q12のとおり、児童手当は差押禁止財産です。給料や年金は一部差押禁止です。しかし、なぜこのような差し押さえがなされているのでしょうか。『自治体側の論理』は以下のとおりです。

自治体側の論理

自治体が差し押さえているのは、あくまで「預金」である。預金は法律上何ら差し押さえが禁止されていない。差押禁止財産も、いったん預金口座に入金されれば、あくまで預金である。預金となった後は、差し押さえができる。これをとがめなかった最高裁平成十年二月十日判決もある。

しかし、差押禁止財産も預金になれば差し押さえができるということになってしまうと、法律が差押禁止財産として、市民の生活や事業を守ったり、手当金の意義を損なわないようにした趣旨・意味が失われてしまいます。法律はこのような差し押さえを許していません。

2　預金に入った児童手当の差し押さえは違法です

『自治体側の論理』を明確に否定したのが、鳥取県児童手当差し押さえ事件判決です（表14）。この事件は、児童手当が入金された預金口座を、鳥取県が差し押さえたという事案でした。鳥取県も『自治体側の論理』にならい、差押禁止債権である児童手当といえども預金口座に入った後は差し押さえが可能となると、主張しました。

この問題について、裁判所は、自治体側（鳥取県も同様）が依拠する最高裁平成十年二月十日判決も踏まえたうえで、児童手当は、預金に入った後も、「児童手当としての属性を失っていなかった」、

【表14】 鳥取県児童手当差し押さえ事件

第一審：鳥取地方裁判所・平成25年3月29日判決
控訴審：広島高等裁判所松江支部・平成25年11月27日判決（確定）
高裁判決（抄）
「本件差押処分が違法であることによって、滞納者が財産的損害を被ったり法律上の原因なく損失を受けたりしたというのであれば、本件差押処分の取消し等を経ることなく、不法行為に基づく損害賠償請求あるいは不当利得返還請求の方法によって、滞納者の損害ないし損失の回復を図ることが可能である」（高裁判決19頁）
「ア　一般に、差押等禁止債権に係る金員が金融機関の口座に振り込まれることによって発生する預金債権は、原則として差押等禁止債権としての属性を承継するものではないと解される（最高裁平成9年（オ）第1963号・平成10年2月10日第三小法廷判決）。しかし、…」（高裁判決28頁）
「イ　…①処分行政庁は、本件差押処分の時点で、平成20年6月11日に本件口座に本件児童手当が振り込まれることを認識していたと認めることが合理的である。…」（高裁判決28頁～30頁）
「ウ　…②本件においては、本件預金債権の大部分が本件児童手当の振り込みにより形成されたものであり、本件児童手当が本件口座に振り込まれた平成20年6月11日午前9時の直後で本件差押がされた同日午前9時9分の時点では、本件預金債権のうちの本件児童手当相当額はいまだ本件児童手当としての属性を失っていなかったと認めるのが相当である。」（高裁判決30頁）
「①処分行政庁において本件児童手当が本件口座に振り込まれる日であることを認識した上で、②本件児童手当が本件口座に振り込まれた9分後に、本件児童手当によって大部分が構成されている本件預金債権を差し押さえた本件差押処分は、本件児童手当相当額の部分に関しては、実質的には本件児童手当を受ける権利自体を差し押さえたのと変わりがないと認められるから、児童手当法15条の趣旨に反するものとして違法であると認めざるを得ない。そうすると、控訴人は、本件児童手当相当額である13万円については、これを保有する法律上の原因を有しないこととなるから、上記の額に限つてこれを被控訴人に返還する義務を負うというべきであるが、その余の73円については、これを返還する義務を負わないというべきである。」（高裁判決28頁～31頁）

「（差押処分は）実質的には本件児童手当を受ける権利自体を差し押さえたのと変わりがないと認められるから、児童手当法十五条（差押禁止）の趣旨に反するものとして違法である」と明言し、鳥取県に対して児童手当の返還を命じました。つまり、「児童手当は預金になった後も差押禁止である」ということです。

常識で考えれば当然のことです。しかし、徴税現場ではこれが通用していません。そのようななか、鳥取事件判決は、ゆるぐことなく常識に従って判断し、徴税活動も法のルールに従わなければならないことを厳たる態度で示しました。これこそ鳥取事件判決の最大の意義です。

3　年金や給料が入金された預金口座の差し押さえも同様です

鳥取事件では児童手当が問題となりましたが、鳥取事件判決は、すべての差押禁止財産に応用できます。たとえば、年金（給料も同様）は一部差押禁止とされていますが、自治体によっては、これらが預金に入金されるのを狙って差し押さえる場合があります。しかし、このような預金の差し押さえが実質的には年金（給料）を受ける権利自体を差し押さえたのと変わりがないといえる場合には、差押禁止のルールに反するものとして違法となります。

4　差押禁止の意味を失わせる「預金の差し押さえ」にたいする救済方法

鳥取事件判決は、救済方法として、差し押さえられた財産の返還請求（民法７０３条不当利得）や損害賠償請求（国家賠償法）ができると判断しています。したがって、今後は、差し押さえの解

【表 15】 鳥取県事件判決を活用して救済された例

2013年4月	福岡市	児童手当差押処分を解除（全国商工新聞2013・5・27）
2013年6月	愛知県蟹江町	年金差押処分を解除
2014年4月	千葉県市原市	年金配当処分を解除
2014年8月	群馬県前橋市	児童手当差押処分を解除（全国商工新聞2014・9・15）
2015年2月	兵庫県姫路市	給料差押処分を解除（全国商工新聞2015・4・6）
2015年2月	丘庫県西宮市	年金差押処分を解除（全国商工新聞2015・3・2）
2016年2月	大阪市生野区	児童手当差押処分を解除（全国商工新聞2015・3・7）
2016年2月	新潟県阿賀町	年金差押処分を解除（しんぶん赤旗2016・4・2）
2016年6月	大阪府門真市	生活保護費・給料　差押処分を解除（大阪社保協 FAX 通信1143号）

除を求めるだけでなく、不当利得返還請求や国家賠償請求により差し押さえられた財産の回復を図ることができます。

5 鳥取事件判決の活用

鳥取事件判決は、実際に各地で活用されています。鳥取事件判決を役所に見せて交渉することで、預金の差し押さえが解除されています。私たちが把握しているだけでも、表15のとおり救済が図られています。

交渉の方法などについては、大阪社保協ＦＡＸ通信１１２８号で大阪市生野区の事案として報告しています。大阪社保協ホームページから入手できますので、ご参照ください。

また、鳥取事件判決の意義と活用法の詳細については、『その差押え、違法です！』（２０１４年、日本機関紙出版センター）をご参照ください。

差し押さえにより生きていくことさえ困難になった、事業の維持さえできなくなったというときには、その差し押さえは、法律のルールに反している可能性があります。

いかに税金や国保料の徴収が必要であっても、法律のルールに従わなければなりません。鳥取事件判決もこれを示しています。この判決の精神は、納税者の保護を目的とする諸制度においても生かされるべきです。

Q14

税金（もしくは国保料）を払いたいのですが、いろいろな事情があって納付することができません。その場合は差し押さえをされるしかないのでしょうか。

①地震などの災害の被害を受けたり、事業の不振などが原因で、期限内に納付することができないときは、どうしたらよいのでしょうか。

②現在滞納がありますが、一度に支払ってしまうと生活ができなくなってしまう（事業を継続することができなくなってしまう）のですが、どうしたらよいでしょうか。

③経済状況がどうしようもなく悪化してしまい生活にも困っている状況で、分納することもできないようなときは、どうしたらよいのでしょうか。

A14

税金や国保料を納付期限内に納付できないような場合でも、納税者の事情によって、差し押さえ等の徴収手続きを緩和する手続きがあります。それを「納税の緩和制度」といいます。

①の場合、納期限の延長（地方税法20条の5の2）、納税の猶予（地方税法15条、国税通則法46条）などの制度の利用が考えられます。

②の場合、換価の猶予（地方税法15条の5・同法の6、国税徴収法151条、同法151条の2）の制度を利用し分納していくことが考えられます。

③の場合、滞納処分の停止（地方税法15条の7、国税徴収法153条）の制度の利用が考えられます。

税金や国保料には、納付期限が定められています。納期限までに納付することができないと、滞納となり、「Q1」で解説したとおりの手続き（滞納処分）にしたがい、強制的に徴収されてしまいます。しかし、納税者にもさまざまな事情があり、強制的に徴収することが適切でない場合もあります。そのような場合に、納税者側の事情を考慮したうえで、徴収手続きを緩和することを「納税の緩和制度」といいます。

「納税の緩和制度」は、国税通則法や国税徴収法、地方税法に規定があります。国税のほか、市県民税、国保料、社会保険料等の徴収の際にも利用できます。

以下では、「納税の緩和制度」として、①納税の猶予、②換価の猶予、③滞納処分の停止について説明します。

【表 16】 国税の納税の緩和制度一覧表

種類	対象税目	要件	申請の要否	緩和期間	担保	根拠条項	延滞税
納期限等の延長	全ての国税	災害などを受けた場合	要（地域指定の場合）否（地域指定などがない場合）	2月以内	否	通11	延滞税全額免除
延　納	所得税	確定申告期間までに2分の1以上の納付	要	3月16日から5月31日	否	所131①	
		延払条件付譲渡の税額（山林・譲渡）が2分の1を超え、かつ30万円を超える場合	要	5年以内	要	所132②	
納税の猶予	全ての国税	災害による相当な損失の場合	要	1年以内	否	通46①	延滞税全額免除
		災害・失業・廃業等の場合	要	1年以内（1年の延長可能性）	要	通46②	延滞税全額免除または1／2免除
		課税が遅延した場合	要	1年以内（1年の延長可能性）	要	通46③	延滞税1／2免除
徴収の猶予・滞納処分の続行の停止	不服申立て等の国税	意義審理庁または国税不服審判所長が必要と認めた場合等	要	決定または採決までの間	否	通105②⑥	延滞税1／2免除
換価の猶予	滞納中の全ての国税	事業継続または生活維持が困難な場合と徴収上有利である場合	否	1年以内（1年の延長可能性）	要	徴151①	延滞税1／2免除
		一時納付が事業継続または生活維持を困難にするおそれがある場合	要	1年以内（1年の延長可能性）	要	徴151の2①	
滞納処分の停止	滞納中の全ての国税	無財産・生活が著しく困難・滞納者および財産がともに不明の場合	否	3年	否	徴153①	延滞税全額免除

（注）利子税･延滞税の算出に当たり、特例基準割合が適用される場合があることに留意する（措93、94）。

（出典：国税庁　税務大学校：国税国税通報（基礎編）平成28年度版より）

1　納税の猶予（地方税法15条、国税通則法46条）

（1）納税の猶予とは

納税者が災害により相当の損失を受けたとき、または災害、病気、事業の休廃業などによるほか、納付すべき税額の確定が遅延したことにより税額を一時に納付することができないと認められるときは、納税の猶予を求めることができます。

（2）納税の猶予の効果

納税の猶予が認められると、次のようなメリットがあります。

①税金や国保料の徴収が猶予されます（原則1年。2年まで延長可能）（地方税法15条1項）。
②猶予期間中の延滞税（金）が免除されます（地方税法15条の9）。
③新たな督促および滞納処分をすることができません（地方税法15条の2第1項）。
④申請により差し押さえが解除されることもあります（地方税法15条の2第2項）。

（3）納税の猶予の要件

納税の猶予が認められるためには、納税者に次に挙げるような事情が必要です。

①次のいずれかの事由に該当すること
ⅰ　震災、風水害、落雷、火災等の災害を受け、または盗難に遭ったこと。

ⅱ　生計を一にする親族が病気にかかり、または負傷したこと。
ⅲ　事業を廃止し、または休止したこと。
ⅳ　事業につき著しい損失を受けたこと。
ⅴ　納税者に上記ⅰからⅳに類する事実があったこと。
②上記の事実にもとづき、納税者が納付すべき税・国保料を一時に納付することができないと認められること
③納税の猶予申請書を提出すること（一度申請すれば猶予期間中は、再申請の必要はありません〈国税通則法46条1項2号の場合〉）
　原則として、猶予金額に相当する担保の提供があること（猶予額が100万円以下の場合などの担保を提供する必要のない例外があります）。

（4）担保の提供の例外について

　国税の場合は原則担保が必要です。ただし以下の場合は担保は不要です（国税通則法46条5項）。
①猶予金額が100万円以下、または猶予期間が3カ月以内の場合（同項但書前段）。
②国税通則法50条記載の財産がなく、かつ保証人となる適当な者がいない場合。
③財産はあるが、その財産の見積価額が猶予に係る国税およびこれに先立つ抵当権等により担保される債権その他の債権の合計額を超える見込みがない場合。
④担保を取ることで、事業の継続または生活の維持に著しい支障を与えると認められる場合（以上

同項但書後段、国税通則法基本通達46－14）。

地方税の場合も原則担保が必要です。ただし、金額、期間を勘案して担保を徴する必要がない場合として条例で定めた場合は担保不要です（地方税法16条1項）。

2　換価の猶予

（1）換価の猶予について

納税者の負担の軽減を図るとともに、早期かつ的確な納税の履行を確保する見地から、滞納者に一定の事由がある場合には、差し押さえられた納税者の財産の換価を猶予する制度があります。

1で説明をした「納税の猶予」は、災害や事業廃止といった一定の事情がなければ利用できませんでしたが、換価の猶予は、そうした事情がなくとも利用することができます。

また、「換価の猶予」は、いまだ差し押さえがなされていなくても、今後差し押さえの対象となるような財産があれば、その換価（公売）を猶予するために利用できる制度です。

以前には税務署長等の職権による換価の猶予しか認められておらず、不服があっても異議を述べられませんでしたが、法改正がなされ、2015年（平成27）4月1日以後に納期限が到来するものについては、申請による換価の猶予が認められるようになりました。これにより、猶予が適用されないという結果になった場合、異議を申し立てることもできるようになりました（異議申し立てについては、Q17で説明をします）。今後は、納税者から申請する方式が活用されることが増えると思われます。

以下では、以前から認められていた「税務署長等の職権による換価の猶予」を説明したうえで、「申請による換価の猶予」について説明します。

（2）職権による換価の猶予（地方税法15条の5、国税徴収法151条）

以前からある職権による換価の猶予に加え、納税者からの申請が認められるようになりました。しかし、申請する場合は、納期限から条例で定められた期間内に換価猶予の申請書を提出することが必要ですので、滞納が累積しているような場合は、今後も、職権による換価の猶予を利用することが想定されます。

ア　具体的な要件は次のとおりです。

①滞納者が、納税について誠実な意思を有すると認められること
②納税の猶予または申請による換価の猶予を受けていないこと
③いずれかの要件をみたすこと
　i　その財産を直ちに換価することにより滞納者の事業の継続または生活の維持を困難にするおそれがあるとき
　ii　財産の換価を猶予する方が直ちに換価するより滞納に係る地方団体の徴収金および近い将来において納付すべき地方団体の徴収金の徴収上有利であるとき

上記①について、「納税について誠実な意思を有すると認められる」か否かの判断は、従来において期限内に納付していたこと、過去に納税の猶予または換価の猶予等を受けた場合において確実に分割納付を履行していたこと、滞納国税の早期完納に向けた経費の節約、借入の返済額の減額、資金調達等の努力が適切になされていること――などの事情を考慮しておこなわれます。この場合においては、過去の逋（ほ）脱（だつ）の行為（税を逃れる行為）、または滞納の事実のみで納税についての誠実な意思の有無を判定するのではなく、現在における滞納国税の早期完納に向けたとりくみもあわせて考慮したうえで判定します（国税徴収法基本通達151－2）。

次に、上記③のⅰの「滞納者の事業の継続を困難にするおそれがあるとき」とは、事業の不要不急の資産を処分する等事業経営の合理化をおこなった後においても、なお差押財産を換価すると、その滞納者の事業の継続を困難にするおそれがあると認められる場合をいいます（国税徴収法基本通達151－3）。

また、上記③のⅰの「生活の維持を困難にするおそれがあるとき」とは、差押財産を換価することにより、滞納者の必要最低限の生活費程度の収入が期待できなくなる場合をいいます（国税徴収法基本通達151－4）。

そして、上記③のⅱの「滞納に係る地方団体の徴収金および近い将来において納付すべき地方団体の徴収金の徴収上有利であるとき」とは、下記のいずれかに該当する場合をいいます（国税徴収法基本通達151－5）。

（1）滞納者の財産のうち滞納処分ができるすべての財産につき滞納処分を執行したとしても、滞納額を全額徴収できない場合であって、換価処分を執行しないこととした場合には、その猶予期間内に新たな滞納を生ずることなく、その猶予すべき国税の全額を徴収することができると認められるとき。

（2）換価すべき財産の性質、形状、用途、所在等の関係で換価できるまでには相当の期間を要すると認められる場合で、換価処分を執行しないことが、その猶予すべき国税およびその猶予すべき期間内において納付すべきこととなる国税の徴収上有利であると認められるとき。

（3）滞納国税につき直ちに徴収できる場合等であっても、最近において納付すべきこととなる国税と既に滞納となっている国税との総額については、換価処分を執行しないことが徴収上有利であると認められるとき。

イ　手続きについて

手続きとしては、税務署長等は、換価の猶予をする場合、必要があると認めるときは、滞納者に対し、①財産目録、②担保の提供に関する書類、③猶予に係る金額を分割して納付させるために必要となる書類（分割納付計画書）の提出を求めることができます（国税徴収法151条2項、国税徴収法施行令53条1項）。

（3）申請による換価の猶予（地方税法15条の5第3項、国税徴収法151条の2）

新たに2015年4月から、換価の猶予を納税者から申請する制度が認められました。従前は、申請する権利が認められていなかったため、不許可の処分がなされた場合には不服申し立てをすることができませんでした。しかし、申請する権利が認められたことから、不服申し立てもできるようになりました。積極的に活用しましょう。

ア　具体的な要件は次のとおりです。

①納付すべき租税を一時に納付することにより、その事業の継続またはその生活の維持を困難にするおそれがあると認められること ②滞納者が租税の納付または納入について誠実な意思を有すると認められること ③納付すべき租税について納税の猶予の適用を受けている場合でないこと（国税徴収法基本通達151の2－10） ④原則として、換価の猶予の申請にかかる租税以外の租税に滞納がないこと（国税徴収法151条の2第2項、地方税法15条の6第2項） ⑤地方税の場合はその他条例で定めた場合に該当しないこと（地方税法15条の6第2項）

①②は職権による換価の猶予の要件と同様に解釈します。

上記④の「換価の猶予の申請にかかる租税以外の租税に滞納がないこと」とは、次のような意味です（国税徴収法基本通達151の2－9）。

換価の猶予の申請に係る地方団体の徴収金以外の地方団体の徴収金であって、納期限（国税国税通則法37条1項に規定する納期限）までに納付されていないものをいいます。ただし、納税の猶予または換価の猶予の申請中の地方団体の徴収金、ならびに、現に納税の猶予または換価の猶予を受けている地方団体の徴収金は除きます。

イ　手続きについて

地方税の場合は納期限から条例で定められた期間の経過前、国税の場合は納期限から6カ月以内に申請書を、地方税の場合は首長に、国税の場合は税務署長に、申請書を提出する必要があります（国税徴収法151条の2第1項、地方税法15条の6第1項）。

申請書の記載事項や添付書類は、国税徴収法151条の2第3項、国税徴収法施行令53条2項、地方税法15条の6の2第2項に記載されています。

（4）換価の猶予が認められた場合の効果（地方税法15条の5の3、同15条の6の3）

換価の猶予が認められた場合は、次のようなメリットがあります。

①換価が制限されます。

換価の猶予が認められると、その期間中、差押財産の換価ができなくなります。もっとも、差押財産から生じる天然果実については換価することができ、また、差押債権等を取り立てることは可能です（国税徴収法152条、国税通則法48条3項、4項）。

②差し押さえが猶予または解除されます。

差し押さえにより滞納者の事業の継続または生活の維持を困難にするおそれがある財産の差し

押さえを猶予し、または解除することができます（地方税法15の5第2項、国税徴収法152条2項）。

③延滞税が免除されます。

延滞税についても、半額は免除され、残り半額はさらに減免されることがあります（国税通則法63条1項、同条3項）。

④猶予期間の延長も可能です。

換価の猶予の期間は原則1年以内ですが、猶予期間内に納付できないことがやむを得ない場合、すなわち、納税者の責任とはいえない場合はすでに猶予した期間と併せて2年間までは猶予期間の延長ができます（国税徴収法152条・国税通則法46条7項、国税徴収法基本通達152―3）。

⑤消滅時効が停止します。

換価の猶予をした場合には、その期間中は、徴収権の消滅時効は進行しません（国税通則法73条4項）。

⑥猶予期間中に分割払いをさせることができます（国税徴収法152条、国税通則法46条4項）。

⑦猶予に際して、担保を取るのが原則ですが、地方税法16条記載の担保がない場合や、担保を取ることで、事業の継続または生活の維持に著しい支障を与えると認められる場合は、担保は不要です（国税徴収法基本通達152―4）。

（5）担保について

原則担保が必要です。例外については納税の猶予の記載を参照してください（国税徴収法152条3項・国税通則法46条5項、地方税法16条1項）。

3　滞納処分の停止（地方税法15条の7、国税徴収法153条）

（1）滞納処分の停止について

滞納処分の停止は、滞納者に財産がなく、生活に困窮しているような場合などに活用できる制度です。上記で説明をしました「納税の猶予」や「換価の猶予」は、一定の条件のもとに分納することが前提となりますが、滞納処分の停止は、分納することすら困難な場合に利用する制度です。

原則、滞納している税金すべてに対しておこなわれます（国税徴収法基本通達153－8）。

滞納処分の停止は、税務署長等の職権によりますので、滞納者は、停止しないことを理由に不服申し立てや裁判は起こせません（国税徴収法基本通達153－5）。逆に税務署長等は滞納者の申請がなくても停止できます。

（2）滞納処分の停止の効果について

滞納処分の停止がおこなわれると、次のようなメリットがあります。

①滞納処分が禁止され、差し押さえが解除されます（国税徴収法153条3項）。

②滞納処分の執行停止が3年間継続したときは、その租税債務は消滅します（同条4項）。延滞税も消滅します（国税徴収法基本通達153－13）。消滅した場合は滞納者に通知がなされることになっています（国税徴収法基本通達153－17）。

③延滞金が免除されます（国税通則法63条1項本文、国税徴収法基本通達143－14）。

（3）滞納処分の停止の要件について

次のいずれかの事実がある場合に、滞納処分の停止が認められます。

①滞納処分をすることができる財産がないとき ②生活を著しく窮迫させるおそれがあるとき ③納税者の所在および滞納処分を実行すべき財産がともに不明の場合

上記で挙げた各要件について説明します。

ア　①「滞納処分をすることができる財産がないとき」とは

「財産がないとき」とは、（a）差し押さえの対象となった、またはなりうる財産の価値が、滞納処分費用と滞納租税に優先する債権の合計額を超える見込みがない場合、つまり、滞納処分をしても滞納租税の回収につながらない場合。または、（b）差し押さえられる財産はすべて差し押さえて換価したが、なお回収できない滞納租税が残った場合をいいます（国税徴収法基本通達153－2）。

イ　②「生活を著しく窮迫させるおそれがあるとき」とは

滞納者の財産につき滞納処分を執行することにより、滞納者が生活保護法の適用を受けなければ生活を維持できない程度の状態（最低生活費相当額〈10万円＋4・5万円×世帯主を除いた家族人数〉で営まれる生活の程度）になるおそれのある場合をいいます（国税徴収法基本通達153－3）。

（4）滞納処分の停止の手続きについて

滞納処分の停止は、滞納者の申請ではなく、税務署長等の職権によりおこなわれ、停止されると、滞納者に停止した旨の通知がなされます（国税徴収法153条2項）。

（5）滞納処分の停止中に滞納者は自分から進んで滞納租税を納付できるか？

国税徴収法基本通達153－11は、滞納処分の停止をした場合において、滞納者が自分から進んでその停止されている滞納租税を納付したときには、滞納している滞納租税に充てて差し支えないとしています。

しかし、この通達を根拠に、役所が生活保護受給者に対して受給前の滞納租税を納めるように迫ることは許されません。強引な説得には抗議して止めさせましょう。

（6）滞納処分の停止がなされない場合について

ア 「滞納処分の停止事務の取扱いについて」の活用を

滞納処分の停止は、上記（4）で述べたとおり、税務署長等の職権でおこなわれるものであり、納税者に申請権が法律上認められていません。それゆえ、停止が認められなかったとしても異議申し立てをする手段がないのです。

しかし、納税者に停止を求める申請権がなかったとしても、納税者の実情からして滞納処分の停止がなされなければならない、といったことを、請願書を提出するという形で伝える方法が考えられます。

請願とは、国や地方自治体に要望、希望等の要請をおこなうことを意味し、日本国憲法16条で保障された権利です。

請願等をおこなう際には、「滞納処分の停止事務の取扱いについて」（平成12年6月30日付国税庁長官通達）を活用できます。

＊「滞納処分の停止事務の取扱いについて」の抜粋

滞納整理に当たっては、滞納者の実情を把握し、その実情に即した処理を的確に実施し、その結果、滞納者について、滞納処分を執行することができる財産がない場合、又は滞納処分を執行すれば滞納者の最活を著しく窮迫させるおそれがある場合など徴収法第153条第1項に

【資料A】

大阪府課長通知

国 健 第 3428 号
平成 24 年 3 月 27 日

各市町村国民健康保険主管課長 様

大阪府福祉部国民健康保険課長
（公印省略）

生活保護世帯からの
国民健康保険料（税）の徴収等について（通知）

標記について、今般、厚生労働省に疑義照会を行ったところ、別紙の内容のとおり回答がありましたので、今後の保険料（税）の徴収等については、留意のうえ行ってください。

なお、収納対策については、保険運営上極めて重要であり、悪質な滞納者については、従前どおり、滞納処分も含めた収納対策の厳正な実施に努めてください。

【連絡・問い合わせ先】
国民健康保険課 企画グループ
直　通　06（6944）6359
代　表　06（6941）0351　内線 2479
FAX　06（6944）6684

大阪府の照会に対しての厚生労働省の回答

〔質問 1〕

生活保護制度の被保護者（以下「被保護者」という。）となるまでに賦課された保険料（税）の滞納金（以下「被保護前滞納金」）について、被保護者の同意を得たうえで保険料（税）を徴収することは、生活保護法第 57 条（公課の禁止）に違反するのか。

違反しない場合において、被保護者の同意のもと徴収することは、生活保護制度には医療保険料に関する扶助がないこと等から、適切でないと考えるが如何か。

回答（厚生労働省保険局国民健康保険課）

生活保護受給者であっても、滞納金を被保護者本人の意思に基づき任意で支払うことは可能であるが、関係部署と連携して住民個々の状況を踏まえ、適切に対応いただきたい。

〔質問 2〕

被保護前滞納金がある被保護者にかかる、地方税法第 15 条の 7 第 1 項第 2 号（滞納処分の停止の要件等）の適用について次のいずれによるべきか。

① 当該条項に該当するものとし、速やかに滞納処分の停止を行うべき。

② 当該条項に該当する可能性があるものとして、速やかに当該被保護者の生活状況等を把握したうえで、同条項に該当すると認められる場合には、滞納処分の停止を行うべき。

回答（厚生労働省保険局国民健康保険課）

①のとおり、地方税法第 15 条の 7 第 1 項第 2 号（滞納処分の停止の要件等）に該当するため、速やかに、滞納処分の執行停止をするべきである。

〔参考：国税徴収法基本通達〕

第 153 条関係 滞納処分の停止の要件等

(生活の窮迫)

3　国税徴収法第 153 条第 1 項第 2 号の「生活を著しく窮迫させるおそれがあるとき」とは、滞納者（個人に限る。）の財産につき滞納処分を執行することにより、滞納者が生活保護法の適用を受けなければ生活を維持できない程度の状態（法第 76 条第 1 項第 4 号に規定する金額で営まれる生活の程度）になるおそれのある場合をいう。

※地方税法第 15 条の 7 及び国税徴収法第 153 条は、「滞納処分の停止の要件等」を規定している。

定める事由に該当するときには、遅滞なく滞納処分の停止を行うことに努める。
なお、滞納処分の停止に当たっては、租税負担の公平を実現する観点から、本取扱いにおいて一律的・形式的に行うことのないように留意する。

イ　大阪の運動の成果

滞納処分の停止について、大阪社保協などが大阪府・市から二つの通知を勝ち取りました。

一つは「生活保護世帯からの国民健康保険料（税）の徴収等について（通知）」（平成24年3月27日付大阪府福祉部国民健康保険課長）です（**資料A**）。また、同通知では、厚労省が大阪府からの質問に対し、生活保護を受ける前に国保料（税）の滞納金があった生活保護利用者については、速やかに滞納処分の停止をおこなうべきと回答しています。この厚労省の回答は、全国でも通用するものです。

もう一つは、「国民健康保険料における滞納処分の停止について」（平成24年4月13日付大阪市福祉局生活福祉部国保収納対策担当課長）です。

大阪市の同通知では、大阪市が滞納処分の停止を実施する際の要件が明記されています。そのなかの重要な一例を挙げると、「生活保護を受けた場合」と「生活困窮」とが区別されて定められている点です。生活保護までいかずとも、生活に困窮した人を対象として滞納処分の停止が認められる余地があることが明確にされました。

上記の通知の詳細や、大阪の運動の成果については、『その差押え、違法です！』（２０１４年、日本機関紙出版センター）をご参照ください。

＊大阪市の通知（国民健康保険料における滞納処分の通知について）の「3　滞納処分の停上の要件」には、「生活保護法による保護を受けた場合」と区別して「生活困窮」という要件が明記されており、次のように詳細な説明がなされています。

【生活困窮】

生活困窮とは、滞納処分を行うと生活を著しく窮迫させる場合であり、滞納処分の停止に該当するかどうかを判定する時点において、次に掲げる場合のいずれかに該当する場合をいう。

ア　滞納者の財産を滞納処分することにより、滞納者が生活保護法の適用を受けなければ生活を維持することができない程度の状態になる恐れがあると認められる場合

＊滞納者が差押禁止財産以外に多少の財産を有していても所得が僅少で安定性がないため、その生活の維持が難しい場合又はその財産が現に生活の維持に必要不可欠と認められる場合等は、この事由に該当する。なお、居住用の財産は、家族構成等により一概に定めることはできないが、近隣の小規模家屋と均衡を失することにならない程度の土地・家屋の所有を認めることが可能である。

イ　滞納処分を行っている滞納者の所有財産につき当該財産を換価することにより、生活保護法の適用を受けなければならないほどではないが、次のいずれにも該当する場合は、徴収上弊害がある場合を除き、「生活困窮」に当たるものとして取り扱っても差し支えない。
（ア）換価により生活の本拠が失われること。
（イ）滞納者が老齢、病気、負傷その他これに準ずる事実により所得能力を欠いており、将来において回復の見込みがないこと。

4　納税の猶予等の取扱要領を活用しましょう

先に説明した納税の猶予等については、その取り扱いを定めた取扱要領（通達）が存在します。それが、「納税の猶予等の取扱要領の制定について（事務運営指針）」（平成27年3月2日付徴徴5－10、徴管2－14　各国税局長および沖縄国税事務所長宛て国税庁長官通達）です。

この取扱要領（通達）は、納税者の個々の実情に即した処理を求めるなどしており（下記に上記取扱要領の「第1章　基本的な考え方」を抜粋します）、昨今の強権指向が強まる行政の適正な対応を求める際に、積極的に活用することができます。

第1章　基本的な考え方
1　納税者の個々の実情に即した処理滞納整理に当たっては、画一的な取扱いをすることなく、納税者の個別的、具体的な実情に即して適切に対応する必要がある。そのため、納税者から納税の猶予または換価の猶予の申請がされた場合は、その申請の内容について、必要な調査を的確に行い、法令等に基づき適切に処理するものとする。また、納税者から、滞納となっている国税を直ちに納付することが困難である旨の申出があった場合には、納税者の視点に立って、その申出の内容を十分に聴取し、納税についての誠実な意思を有していると認められる場合などについては、換価の猶予等の活用を図るよう配意する。

2　法令等の規定に基づく適正な処理納税の猶予等の適用に当たっては、事実関係を正確に把握した上で、法令等に基づき適正な処理に努めるものとする。納税の猶予等は、納税者に期限の利益を与えるものであるから、その適用に当たっては、期限内に納付を行った納税者との間に公平を欠くことがないよう、また、安易に猶予処理することによって、納税意識を希薄にする等の弊害が生じることがないよう、法令等の定める要件を満たしているかどうかを十分に調査する。

3　迅速な処理

納税者から納税の猶予若しくは換価の猶予の申請ま走は納付困難を理由として分割納付の申出があった場合には、速やかに所要の調査および確認を行い、早期に処理するよう配意する。

■生活困窮者に対する「滞納処分の停止」を積極的にさせよう

生活保護受給者にたいして、滞納保険料（税）の請求をする市町村が多々あります。生活保護費は憲法第25条に規定されている最低生活費ですので、そこから滞納保険料（税）を支払うと最低生活費を割り込むこととなりますので、請求はしないよう、行政との交渉などで要請するとともに、滞納分については滞納処分の停止をさせることが重要です。

そもそも生活保護受給者は生活困窮者です。さらに、生活保護受給に当たっては財産調査は必須事項ですので、滞納分を支払う余裕などないと考えるのがふつうです。

大阪社保協は2011年の夏から秋の自治体キャラバン行動で、この件での実態把握と要請をおこないました。大阪市はこうした私たちの要請をふまえ、大阪府を通して2012年2月に厚生労働省に照会をおこないました。

この照会に対して厚生労働省は、「生活受給前の滞納保険料については、滞納処分の停止の要件等に該当するため速やかに滞納処分の停止をするべき」と回答し、大阪府はその内容を通知として発出、これにもとづき大阪市は4月3日に課長通知「生活保護世帯からの国民健康保険料の徴収等について」（資料A）を発出しました。

大阪府通知は有効、各地でも同様の通知をださせることが重要

大阪社保協ではさらに生活保護受給者のみならず、86頁の要件の①および②に当たる滞納世帯に

たいしては、すべて滞納処分の停止をせよと、要求しつづけています。

大阪府通知は全国でも当然適用すると、厚生労働省から回答を得ていますが、全国の自治体でも同様の通知をださせることが重要です。

大阪社保協では、毎年の夏の自治体キャラバン行動前、市町村への調査で前年度の差し押さえと滞納処分の停止状況を把握していますが、２０１４年度は大阪全体で（堺市・松原市除く）約2万8千件、24億8千万円の滞納処分の停止がおこなわれました。

Q15 国保料が高すぎて払うことができません。減額や免除の制度はありますか。

A15 国保料については、Q14で説明した納税緩和制度に加えて、市町村の条例にもとづき減免制度を設けることができるとされています。お住まいの市町村にて減免制度の有無や内容を確認しましょう。

1 国保料（税）の減免（地方税法717条、国民健康保険法77条）

国保料（税）については、地方税法717条で、天災その他特別の事情がある場合において国保料の減免を必要とすると認める者、貧困により生活のため公私の扶助を受ける者その他特別の事情がある者に限り、市町村の条例により、国保料の減免ができると定めています。

減免の要件や内容は各市町村によって異なりますが、大阪では府下全自治体で条例による減免制度が定められています。

条例の減免制度としては、大阪府の四條畷市の減免制度が非常に整備されているため、その内容

表 17 四條畷市国保料条例減免（2016 年度）

	減免理由	減免内容
①	1. 震災 全壊・半壊 2. 風水害 全壊・半壊・床上浸水またはこれと同程度の被害 3. 火災 全焼・半焼 4. その他の災害 全損・半損・床上浸水またはこれと同程度の被害	全：賦課100%（最長12カ月） 半：賦課90%（最長12カ月） 他：賦課70%（最長9カ月）
②	ア）失業、事業や業務の体廃止 1. 会社都合・廃業等 2. 自己都合・定年退職等 3. その他 3 ヶ月未満／ 3 ヶ月以上 イ）所得減少20% 以上	ア）免除事由該当者の応能割を40% 減額 イ）応能割を減少率と同率で減額
③	1. 重度障害者（障害福祉年金または障害基礎年金受給者含む） 2. 身体障害者手帳・療育手帳・精神障害者保健福祉手帳所持者	ア）納付義務者が障がいを有する場合は所得と障害の程度に応じて賦課額を5% ～ 40% 減額 イ）納付義務者以外の被保険者が障がいを有する場合は所得と障害の程度に応じて賦課額を0% ～ 20% 減額
④	世帯主または家族が傷病により90日を超える期間入院した場合	応能割70% 減額
⑤	国保加入者が4人以上かつ当該年度の所得見込みが軽減基準額の10分の12以下の世帯	応益割20% 減額
⑥	1. 老齢者（65歳以上） 2. 母子・父子 3. 寡婦・寡夫で、当該年度の所得見込みが軽減基準額の10分の15以下の場合	所得見込額に応じて算定額を20 － 30% 軽減
⑦	1. 国保加入時に65歳以上である者 2. 扶養者が社会保険等から後期高齢者医療保険に移ったために 国保に加入した1日被扶養者	国保加入月から2年間、以下の金額を減免する ア）所得害1の金額 イ）均等割の半額 ウ）左記の者のみで構成される世帯の場合はさらに平等割の半額
⑧	市長が特に必要と認める場合 1. 借金返済（住宅ローンも可） 2. 生活困窮 3. その他	実情に応じて市長が定める額 1と2は、応能割を返済率等と同率減額まで（5% きざみ）20.25.30.35

※「軽減基準額」とは、後述する国保料の平均割・均等割軽減（7割、5割、2割」）のうち、2割軽減の基準額をさします。

を紹介します（表17）。

2　大阪市の軽減制度（3割軽減）

国保料について、世帯全員の所得の合計が基準額以下の世帯について、医療分・後期高齢者支援金分・介護分保険料の平等割、均等割を軽減します。

世帯全員の所得が判明していれば、7割、5割、2割軽減については、国保料決定時に自動的に適用されます（源泉軽減）。

さらに大阪市では、上記に加えて、2割軽減が適用されている世帯のうち、一定の条件に該当すれば、申請をすることで、国保料決定後に残りの1割部分を軽減できる制度があります。

居住されている市町村でも、同様の制度があるかご確認ください。また、大阪市のような制度を全国でつくりましょう。

Q16

何年も前の税金や国保料を支払うよう求められています。ずいぶん古い分もあるのですが、支払わなければならないのですか?

A16

税金や国保料には、消滅時効があり、一定期間、権利行使されないままに放置されていた場合、消滅時効により徴収権が消滅します。

それゆえ、支払いを求められた内容を精査して、時効により消滅していないか否かを確認してください。

1　消滅時効

(1)　消滅時効とは

権利は、一定期間行使されなければ、消滅してしまいます。税金や国保料についても、権利を行使することができる期間が決まっており、その一定の期間が経過してしまうと税金や国保料を請求する権利が消滅します。

上記で述べた権利が消滅する制度を消滅時効といいます。

(2) 消滅時効の期間について

消滅時効の期間は、法律で定められています。その期間は、次に説明するとおり、国保料と税(国保税含む)とで期間が異なります。

ア　国保料

国保料債権は2年で消滅時効にかかります(国民健康保険法110条1項)。時効の起算点(消滅時効のカウントダウンを始めるスタート地点)については、行政が権利を行使することができるようになったときですので、納付書記載の納付期限日の翌日からとなります。

イ　税(国保税含む)

時効の起算点は、上記の国保料と同じ考え方で、法定納期限(納付書記載の納付期限日)の翌日となります。ただし、その期間は5年間となります(地方税法18条1項柱書)。

ウ　延滞金

裁判例によれば、延滞金は、遅延利息の実質があり、滞納日数に応じて日々発生し、発生した次の日から請求できるので、消滅時効の起算日は延滞金発生日の翌日と考えられています(大阪高裁昭和45年4月17日判決、判タ252号276頁)。

しかし、この考え方によると国保料等が時効消滅しても、国保料なら直近2年、国保税に至っては直近5年の延滞金は時効にかかっておらず、時効消滅した国保料等の延滞金のみが請求可能になるという奇妙な結論になります。

時効により権利が消滅する場合、時効の効果は起算日にさかのぼります（民法１４４条）。つまり、消滅時効にかかった国保料等は初めから存在しなかったものとみなされるのです。それならば、元の国保料等が存在しない以上、延滞金も起算日にさかのぼって発生しなかったと考えられ、延滞金は支払う必要がないというべきでしょう。

(3) 消滅時効の利益を受けるためには

ア　一般の債権の場合

一般の債権の場合、消滅時効の利益を受けたい人は、相手方にその旨の意思表示をしなくてはなりません（民法１４５条）。この意思表示をすることを「時効の援用」といいます。

時効を援用するか否かは、その人の意思によりますので、仮に時効が完成しても、あえて払いたい人は時効の利益を放棄して支払うということができます。市役所の債務があっても、それが市営住宅賃料等の私債権の場合は、時効の援用が必要になります。

イ　税の場合

これに対して、税や国保料等の公債権が消滅時効にかかった場合は、消滅時効の援用は必要ありません。時効期間が経過することによって、絶対的に納付しなければならない義務が消滅し、市町村は自動的に請求できなくなります（税は地方税法18条2項、国保料は国民健康保険法79条の２・

地方自治法236条2項)。

それゆえ、もし時効消滅後に間違って支払った場合や、納税者があえて納税したとしても、市町村は支払われた国保料等を過誤納金として返さなくてはなりません。

(4) 時効の中断について

消滅時効になっているかどうかで気をつけなければならないことは、時効の中断です。時効の中断とは、時効のカウントダウンが振り出しに戻ることをいいます(時効の完成が阻止されることをいい、消滅時効が中断されると、消滅時効直前だったとしても、新たに消滅時効の期間が開始します)。

それゆえ、時効が中断されると、その翌日から再度カウントダウンが始まります。なお、本税の時効が中断した場合、その中断の効果は延滞金にもおよびます(地方税法18条の2第5項)。

ア 中断事由一般について

時効の中断については国民健康保険法や租税法に特別規定があるものを除き、民法の規定が準用されます(地方税法18条3項、国保料は国民健康保険法79条の2・地方自治法236条3項)。民法では147条に時効の中断事由として裁判上の請求(147条1号)差押え、仮差押え又は仮処分(同条2号)承認(同条3号)、が定められています。

イ 承認

民法147条で一番問題になるのは承認です(同条3号)。

承認とは、払わなければいけない税金の存在を認識して、その認識を表明したと認めるに足りる行為はすべて承認に当たります。

それゆえ、支払わなければならない税金の存在を前提とする納税の猶予の申請や国保料等の一部納付は承認に当たります（国税通則法基本通達73－3、73－4参照）。

また、黙示の承認でも時効が中断します。

ウ　徴収（納付）通知・督促

民法に規定のない時効中断理由として、徴収の通知や督促があります。つまり、督促状が届けば、それだけで時効のカウントダウンが振出しに戻ります（地方税法18条の2第1項柱書、国保料は国民健康保険法110条2項）。なお、督促による時効の中断は1回のみです。

カウントダウンが始まるのは、納付書の期限が到来したとき（地方税法18条の2第1項1号）と、督促状が届いた日から数えて10日経過した日からです（同項2号）。

（5）時効の停止

時効の中断と似た制度に時効の停止があります。

時効の停止も、時効の中断と同様に時効のカウントダウンは止まりますが、中断とは異なりカウントダウンは振り出しに戻らず、停止事由がなくなれば残りの時間につきカウントダウンが再開します。民法では、相続財産に関する160条、天変地異に関する161条があります。

また、納税（徴収）の猶予中や差押財産の換価の猶予中は、その猶予期間中は時効が停止します（地方税法18条の2第4項、国税通則法73条4項）。

Q17

納税猶予の申請、換価の猶予の申請が認められなかったり、違法な差し押さえをされたりして、不服がある場合、どうしたらよいのでしょうか？

また、不服申し立てをしたのですが、認められませんでした。どうしたらよいでしょうか？

A17

行政から処分（決定）を受け、その内容に不服がある場合（内容が違法または不当な場合）には、審査請求をすることができます。

また、不服審査請求が認められなかった場合には、その行政の処分を取り消す訴訟（取消訴訟）を提訴することができます。

1　審査請求とは

滞納処分の各決定について不服がある場合は、審査請求ができます。

審査請求をおこなったとしても、差し押さえ等の処分の執行や手続きの進行は妨げられるわけではありません（国税通則法１０５条1項）。

しかし、審査請求をすれば、決定もしくは裁決が出るまでの間は、原則として差し押さえ財産の換価ができないとされています（地方税法19の7、国税通則法１０５条1項）。もっとも、上記の「換価」は、差し押さえた不動産を競売するなどの財産の金銭化することをいい、差押債権等の取り立てといった売掛金の回収や預金や生命保険の解約返戻金の取り立ては含まないとされています。

審査請求は、後で述べる取消訴訟の前提となるものですので、積極的に活用しましょう。

平成28年4月から新しい行政不服審査制度が始まりますので、以下はそれに従って記述します。

なお国税に関する不服申立てはこれまでどおり国税不服審判所長に対して審査請求するか、従来の処分庁に再調査の請求をします（国税通則法75条）。

(1)　地方税の場合

ア　申立先
税の場合は、都道府県税については知事に、市町村税については市町村長に対して審査請求を行います（地方税法19条1項・行政不服審査法4条1号、以下で行政不服審査法が出てくるときの地方税法19条1項は省略します）。
イ　不服申立期間
滞納処分などについての行政の処分（決定）に審査請求を行うためには、行政が処分（決定）を下したことを知った日の翌日から数えて3カ月以内に行う必要があります（行政不服審査法18条1

項）。また、審査請求は、行政が処分（決定）を下した日の翌日から数えて1年が過ぎてしまうと、その処分（決定）が下されたことを知らなかったとしても、審査請求をすることができません（同条2項）。次に述べる例外はありますが、申立期間については注意しましょう。

審査請求の期間を過ぎてしまった場合、法改正前は「やむを得ない事由」がなければ審査請求ができなかったのですが、今年平成28年4月より、「正当な理由」があれば、審査請求ができるようになりましたので、期間を過ぎてしまった場合もすぐに諦めずに、「正当な理由」があるかを検討してください。

ただし、滞納処分に関し欠陥があることを理由とする審査請求については、審査請求の期限内であっても、次に掲げる日または期限後は申し立てできないとされている（地方税法19条の4）ので注意が必要です。

①督促：差し押さえに係る通知を受けた日の翌日から起算して3カ月を経過した日 ②不動産等についての差し押さえ：その公売期日等 ③不動産等についての公告から売却決定までの処分：換価財産の買受代金の納付の期限 ④換価代金等の配当：換価代金等の交付期日

ウ　審査請求手続き

（ア）　法改正による主な変更点

①審理員制度が導入され、原処分に関わった人が審査請求に関わる余地がなくなりました（行政不服審査法９条２項１号）。

②行政不服審査会制度が導入され、裁決が出るまでに一度は第三者（行政関係者以外）による審理が確保されることになり、手続きの公平性が向上しました。

③これまで認められていなかった口頭意見陳述の際の処分庁に対する質問権、処分庁から提出された証拠の写しの交付（謄写）、証拠調べの拡大（関係者への事情聴取や検証）が図られ、国民の救済手段としての審査請求の役割が高まりました。

【図２】　審理員による審理手続・第三者機関への諮問手続の導入

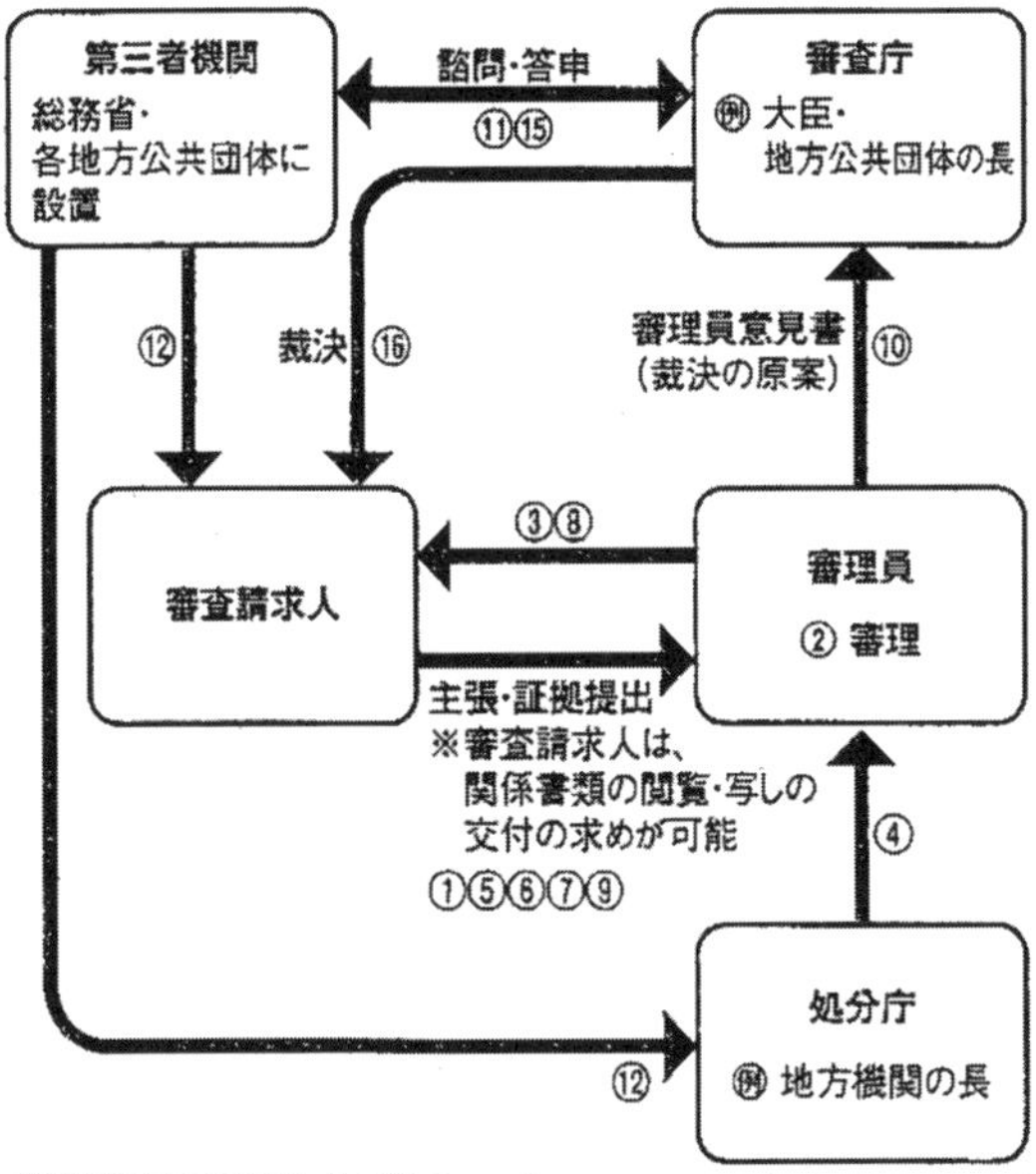

（総務省行政管理局作成の図<http://www.soumu.go.jp/main_content/000406934.pdf>に手を入れたもの）

（イ）　具体的な手続きの流れ（図２）

①法定された事項を記載した審査請求書を担当窓口に提出します（行政不服審査法19条）。

②形式的な不備は担当官から修正が求められます（補正命令、同

23条）。不適法な審査請求でなければ審理手続きが始まります。

③審査庁にて審理を担当する職員（審理員）が指名され、審査請求人に通知されます（同9条）。

④処分庁から弁明書が提出され（同29条）、審査請求人に送付されます（同条5項）。

⑤審査請求人は弁明書に対して反論書を提出することができます（同30条）。

⑥審査請求人または参加人の申立てがあったときは、口頭意見陳述の機会が設けられます（同31条）。口頭意見陳述には、処分庁担当者も出頭します（同条2項）。口頭意見陳述に際しては、申立人が、審理員の許可を得た上で審査請求に係る事件に関し、処分庁に対して質問をすることができます（同条5項）。

⑦審査請求人または参加人は、証拠書類または証拠物を提出することができます（同32条1項）。処分庁も、当該処分の理由となった事実を証する書類その他の物件を審査庁に提出することができます（同32条2項）。審査庁が、提出すべき相当の期間を定めたときは、その期間内に提出しなければなりません（同33条）。

⑧審理員は、審査請求人もしくは参加人の申し立てにより、または職権で、書類その他の物件の所持人に対し相当の期間を定めて提出を求めたり（同33条）、適当と認める者に参考人として事実の陳述を求め、または鑑定を求めたり（同34条）、必要な場所につき検証をおこなうことができます（同35条）。

⑨審査請求人または参加人は、審理員に対し、処分庁から提出された書類その他の物件の閲覧および写しの交付を求めることができます（同38条）。写しの交付は書面により申し出ます（行政不服

審査法施行令10条）。なお、手数料の減免規定があります（行政不服審査法38条5項・同施行令13条）。

⑩必要な審理を終えたときは審理手続きを終了します（行政不服審査法41条）。審理手続きが終結したとき、審理員は遅滞なく、審査庁がすべき裁決に関する意見書（審理員意見書）を作成し、審査庁に提出します（同42条）。他方、審理請求人および処分庁等審理関係者に審理手続きの終結と審理員意見書の提出予定時期を通知します（同41条3項）。

⑪審査庁が審理員意見書の提出を受けたときは、行政不服審査法43条1項列挙事由（例えば審査請求人が諮問を希望しないなど）がある場合を除き、行政不服審査会等に諮問しなければなりません（同43条）。

⑫行政不服審査会は必要があると認める場合は、審査請求人、参加人、審査庁（この三者をまとめて「審査関係人」といいます）に対して主張書面、資料の提出、適当と認める者に事実の陳述を求め、鑑定を求めたりすること、その他必要な調査をすることができます（行政不服審査法74条）。審査関係人は主張書面や資料を提出することができます（同76条）。

⑬審査関係人の申し立てにより、口頭意見陳述の機会が与えられます。ただし、審査会が必要ないと認める場合はこの限りでありません（同75条）。

⑭提出資料の閲覧および写しの交付を求めることができます（同78条）。手数料の減免規定があります（同条5項）。

⑮諮問を受けた機関は審査庁に対して書面にて答申を行います（同79条）。答申書は審査請求人および参加人に交付されます。

⑯審理および行政不服審査会等の答申の結果、審査庁が裁決を行います（同44条以下）。

（2）国保料の場合

ア　中立先

各都道府県にある国民健康保険審査会に申し立てます（国民健康保険法91条）。この点は平成28年4月の改正前と変わりません。

イ　不服申立期間

原則処分があったことを知った日の翌日から数えて3カ月以内に文書または口頭で申し立てる必要があります（国民健康保険法99条本文）。これまでの60日から3カ月に延長されました。

ウ　審査請求手続き

国民健康保険審査会の手続きでも、行政不服審査法の改正に沿って、口頭意見陳述の充実、証拠調べの充実、証拠の閲覧・謄写の拡大などが図られることになります。

2　取消訴訟

審査請求結果にも不服がある場合は、取消訴訟を起こすことができます。

取消訴訟とは、行政の差し押さえ等の処分（公権力の行使）について、取り消しを求める裁判のことをいいます（行政事件訴訟法3条）。

（1）取消訴訟を提訴するためには

取消訴訟は、原則的に、審査請求をした後でなければできません（地方税法19条の12、国民健康保険法103条）。

取消訴訟は、審査請求の決定・裁決があったことを知った日から6カ月以内に提起しなければなりません（行訴法14条1項・4項）。また、決定・裁決の日から数えて1年を経過したときは、正当な理由があるときを除いて、取消訴訟を提起することができません（同条2項・3項）。

（2）提訴期間を過ぎてしまった場合

提訴期間を過ぎてしまった場合でも、次に述べる国家賠償請求訴訟や当事者訴訟（行政事件訴訟法4条）で対応できることがあります。

上記のような手続き、提訴期間以外にも、取消訴訟を行うためには複雑な要件があるので、取消訴訟まで考える場合は、弁護士に相談してください。

Q18

児童手当が預金口座に入った途端に預金口座を差し押さえられました。これが違法だということは分かりました（Q12、Q13）。そこで、差し押さえられたお金の返還を求め、行政の責任を追及したいのですが、何か方策はないでしょうか。

A18

預金を取り戻すためには、法的に理由のない差し押さえをした行政に対し、不当利得返還請求をすることができます。間違った行政の処分や強制執行等（公権力の行使）によって、損害を被った場合には、行政に対して、責任を追及するため、損害賠償請求をすることができます（国家賠償請求）。

1　不当利得返還請求とは（民法703条）

不当利得返還請求とは、法律上の原因がないのにもかかわらず、ある人の利益が失われ、別の人がある人の失われた損失を利得して受け取った場合に、その利得の返還を求める請求権のことをいいます（民法703条）。また、「悪意の受益者」（法律上の原因がないことを知りつつ利得を得ていた者）に対しては、利息も請求することが可能です（民法704条）。

違法な差し押さえにより、納税者は、受け取った児童手当（受け取った後は預金）を法律上、理由なく失い、行政がその分利得を得たことになるので、その返還を求めることができます。

2　国家賠償請求とは（国家賠償法1条）

行政が違法な処分や強制執行等を行った場合、その行為に故意または過失があり、それによって損害が生じた場合は、行政はその損害を賠償する責任を負います（国賠法1条1項）。その損害賠償請求権のことを国家賠償請求権といいます。

3　不当利得返還請求・国家賠償請求による救済

近年、税金や国保料の滞納に対し、過去に例を見ないほど行政は厳しい対応をとっています。その対応が行き過ぎて、違法な処分がおこなわれ、納税者が損害を被るといった事態も起きています。

その一例が、前回にご紹介した鳥取県児童手当差し押さえ事件判決です（Q13参照）。

鳥取事件判決は、児童手当が入金されたばかりの預金口座を差し押さえた鳥取県の行為は違法であるとし、違法な差し押さえについては国家賠償請求や不当利得返還請求で救済するべきと判断し、違法に差し押さえた児童手当分の金銭は不当利得であるとして、鳥取県に対して返還を命じました。

一方、国家賠償請求については、第一審の地方裁判所はこれを認め、鳥取県に対して損害賠償義務を認めましたが、控訴審の高等裁判所は同判決が出るまでは自治体側が預金になれば児童手当を差し押さえてもよいと考えたとしてもしかたがない事情があったとして、損害賠償義務を否定しました。

しかし、同判決が預金になったあとも児童手当としての性質を失わないと判断した以上、今後は、同様な違法な差し押さえがおこなわれた場合、国家賠償が認められる事例は多くなります（不当利得返還請求についても、行政が「悪意の受益者」であるとして、利息の返還を求めることも可能になります）。

最後に

納税は国民の義務であり、徴税も大切なことです。しかし、徴税は、法律で定められたルールを守らなければなりません。なぜなら、税金は国の根底を支えるものであり、ルールを守った上で徴税が行われるという前提がなければ、国の運営に対しての信頼にもかかわるからです。

行政の判断をそのまま受け入れるのではなく、私たちも法律を学び、法律が守られているかチェックをし、間違った行政判断があれば正していきましょう。取消訴訟や不当利得返還請求、国家賠償請求の裁判をすることで裁判所に対し、行政が法律のルールを守っていたかの判断を求めることができます。

ただ、取消訴訟や国家賠償請求は、いったん行政の判断が出てしまった後に、事後的に行政の判断の過ちを正そうという手続きです。むしろ、そのような事態になる前に、まずは納税者が徴税のルールを学び、個々の事情を正確に把握し、その内容をどのような手段で行政に伝えるべきかを学習し、個々の実情に即して正しい対応をとるよう行政に迫ることが大切です。

そして、行政に正しく法律を運用させる（法律を守らせる）ためには、個々の納税者が行政に訴えるだけではなく、問題があった場合はそれを声にして、運動につなげることも大切です。

大阪では、大阪社会保障推進協議会が中心になり、勉強会を重ね、運動をすすめてきました。その成果については、『その差押え、違法です！』（２０１４年、日本機関紙出版センター）に記していますので、ぜひご参照ください。

現在、全国各地で役所による差し押さえが激増しています。今後ますます差し押さえが増えていく可能性が高いです。国保でいえば、２０１８年度から都道府県と市町村の共同運営となります。都道府県単位になることで、さらに差し押さえ・滞納処分が強化される危険があります。そうした動きに対抗し、私たちの権利を守り、差し押さえ・滞納処分に対して適切に対応するために、本書を全国のさまざまな問題に活用してください。

【編著者】
●大阪社保協・滞納処分対策委員会
楠　晋一（くすのき　しんいち）
弁護士（京橋共同法律事務所所属）。大阪社保協らと協力しながらいのちよりカネという国保行政を許さないたたかいを続けている。主な共著に『住民運動のための国保ハンドブック 2012』（日本機関紙出版センター・2012 年)、『国際人権条約と個人通報制度』（日本評論社・2012 年)、『Q＆A生活保護利用者をめぐる法律相談』（新日本法規・2014 年)、『その差押え、違法です！』（日本機関紙出版センター・2014 年）がある。

勝俣　彰仁（かつまた　あきひと）
弁護士（勝俣法律事務所)。弁護士登録後 2012 年 9 月まで、鳥取県米子市の高橋敬幸法律事務所にて執務。鳥取県児童手当差押え事件では、相談当初から高裁判決まで携わる。その他、全国 B 型肝炎訴訟、医療過誤問題、談合事件住民訴訟、過労死問題、独禁法問題（優越的地位の濫用等)、霊感商法問題、刑事事件等に取り組む。著書に『その差押え、違法です！』（日本機関紙出版センター・2014 年）がある。

牧　亮太（まき　りょうた）
弁護士（彩法律事務所)。2008 年 12 月大阪弁護士会登録。

寺内　順子（てらうちじゅんこ）
1960 年生まれ。佛教大学社会学部社会福祉学科卒業後、豊中の障害者施設に勤務、1991 年大阪社会保障推進協議会入局、現在事務局長。これまでの著書（共著含む）は『国保広域化でいのちは守れない』(2010 年、かもがわ出版)、『国保の危機は本当か？』(2011 年、日本機関紙出版センター)、『住民運動のための国保ハンドブック 2012』（2012 年、同)、『2025 年介護保険は使えない？』（2013 年、同)、『明日もやっぱりきものを着よう』（2013 年、同)、『基礎から学ぶ国保』（2015 年、同)、『検証！国保都道府県単位化問題』（2016 年、同）ほか、大阪社保協ハンドブックシリーズなど多数。

〈企画〉**大阪社会保障推進協議会**
〒530-0034 大阪市北区錦町 2-2 国労会館
電 話：06-6354-8662　FAX：06-6357-0846
E-mail：osakasha@poppy.ocn.ne.jp　web：http://www.osaka-syahokyo.com/

初出：「議会と自治体」（2016 年 8 月号〜 10 月号、日本共産党中央委員会）

あきらめないで！役所からの差押え　Q＆Aで考える対処法

2016 年 12 月 20 日　初版第 1 刷発行

編　者　大阪社保協・滞納処分対策委員会
発行者　坂手崇保
発行所　日本機関紙出版センター
〒 553-0006　大阪市福島区吉野 3-2-35
TEL 06-6465-1254　FAX 06-6465-1255
http://kikanshi-book.com/　hon@nike.eonet.ne.jp
本文組版　Third
編集　丸尾忠義
印刷・製本　シナノパブリッシングプレス

ISBN978-4-88900-941-5

〈日本機関紙出版の売行良好書〉

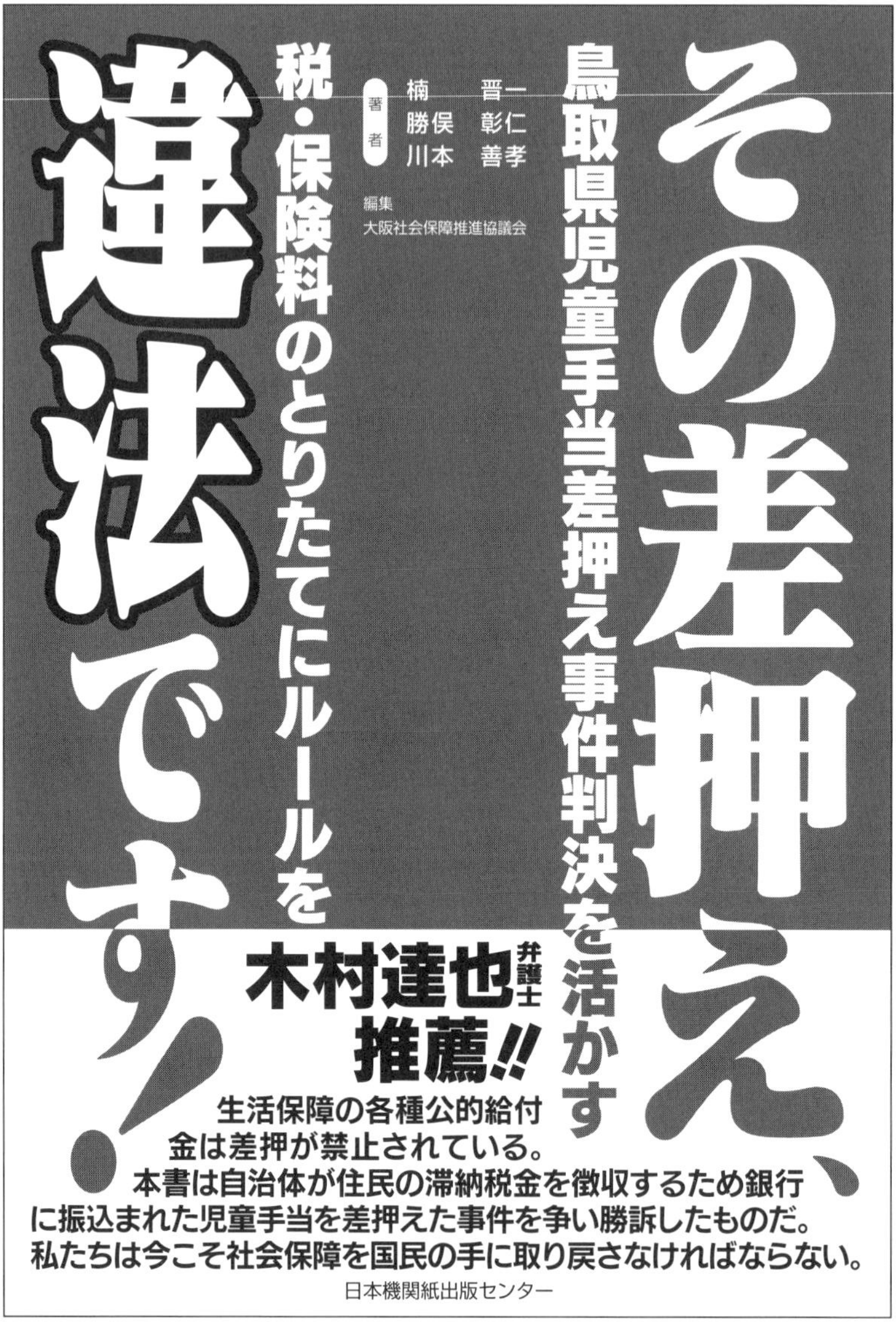

本体：1700円　A5判　282ページ